Ladies and gentlemen! Dear friends!

Do you know who I am? Let me introduce myself. I am a smart cat from Russia. My name is **Vasily** (or more familiar — Vas'ka). Many years ago the famous Russian poet Alexander Pushkin wrote wonderful verses about my great grandfather — **Vasily The Clever Cat**. He lived under the big oak tree. He sang songs going to the right and he read fairy tales going to the left.

This Clever Cat is still very popular in Russia. And I'm proud of him too, because I am his great-grandson. But I'm a modern and progressive young cat of the new generation. If you decide to study Russian, I'm going to be your guide in the land of Russian Grammar. Read my recommendations (I call them CAT'S TIPS) and you will be successful in your studies. So, it's high time to begin. Good luck!

A.M. Jamet-Koutsereva, E.I. Kotova,
M. Kitajo, E.Y. Shapovalova

# FUN

# RUSSIAN:

# 27 TIPS FROM

# THE CAT VASILY

St. Petersburg

Zlatoust

2018

А.М. Жаме-Куцерева, Е.И. Котова,
М. Китадзё, Е.Ю. Шаповалова

# ЗАНИМАТЕЛЬНЫЙ РУССКИЙ:

# 27 ПОДСКАЗОК ОТ КОТА ВАСИЛИЯ

Санкт-Петербург
«Златоуст»

2018

УДК 811.161.1

**Жаме-Куцерева, А.М., Котова, Е.И., Китадзё, М., Шаповалова, Е.Ю.**
Занимательный русский: 27 подсказок от кота Василия. — СПб. : Златоуст, 2018. — 216 с.

**Jamet-Koutsereva, A.M., Kotova, E.I., Kitajo, M., Shapovalova, E.Y.**
Fun Russian: 27 tips from the cat Vasily. — St. Petersburg : Zlatoust, 2018. — 216 p.

ISBN 978-5-86547-945-1

Зав. редакцией: к. ф. н. *А.В. Голубева*
Редакторы: *И.В. Евстратова, Е. Лангли*
Корректор: *О.С. Капполь*
Оригинал-макет: *Л.О. Пащук*
Художник: *И.В. Плюхина*
Обложка: *ООО РИФ «Д'АРТ»*

Книга адресована всем желающим начать изучать русский язык с нуля, а также изучающим русский язык как второй и третий. Она рассчитана примерно на 60 часов.

Благодаря опоре на яркий иллюстративный материал и поддержке на английском языке обучение построено в живой, динамичной форме, с постоянным чередованием видов учебной деятельности, так чтобы проявлялась интеллектуальная, эмоциональная и речевая активность учащихся.

Подготовка оригинал-макета: издательство «Златоуст».

Подписано в печать 27.03.18. Формат 84×108/16. Печ. л. 13,5. Печать офсетная. Тираж 1000 экз. Заказ № 1136.
Код продукции: ОК 005-93-953005.

Санитарно-эпидемиологическое заключение на продукцию издательства Государственной СЭС РФ № 78.01.07.953.П.011312.06.10 от 30.06.2010 г.

Издательство «Златоуст»: 197101, Санкт-Петербург, Каменноостровский пр., д. 24, оф. 24.
Тел.: (+7-812) 346-06-68; факс: (+7-812) 703-11-79; e-mail: sales@zlat.spb.ru; http://www.zlat.spb.ru.

Отпечатано в ООО «Аллегро».
196084, Санкт-Петербург, ул. К. Томчака, д. 28. Тел.: (+7-812) 388-90-00.

# CONTENTS • СОДЕРЖАНИЕ

# ОБРАЩЕНИЕ К КОЛЛЕГАМ

Японский университет Киото Сангё (Kyoto Sangyo, Japan) выступил с инициативой создать международную группу авторов для написания учебного пособия по РКИ. Эту идею поддержал Донской государственный технический университет (Ростов-на-Дону, Россия). Лексико-грамматическое учебное пособие «Занимательный русский» — результат экспериментального сотворчества, в котором гармонично сочетаются современные методы преподавания РКИ вне языковой среды (Япония) и в языковой среде (Россия).

Книга адресована всем желающим начать изучать русский язык с нуля, а также изучающим русский язык как второй и третий. Она рассчитана примерно на 60 часов.

Часто в результате эксперимента рождаются инновации, которые могут вызвать различные интерпретации, а потому нуждаются в авторском комментарии.

### Инновация 1

Первостепенное внимание авторы уделяют презентации учебного материала, обращаясь, в первую очередь, к эмоциональной памяти человека. Авторы совместно с художницей разработали яркие иллюстрации для лексико-грамматического материала и только после этого написали тексты упражнений. Благодаря такому подходу учащийся может подключить образное мышление, которое вызывает благоприятное эмоциональное состояние для запоминания материала. Этому будет способствовать и разучивание русских песен в рубрике «Караоке от Жорика».

### Инновация 2

Авторы воспользовались наблюдением британских учёных (см. Cute cats could be key to learning new languages. By Carolyn Rice BBC News), а также обратились к образу, созданному А.С. Пушкиным. Так появился на свет учёный кот Василий. Ему дали статус профессора, подобрали для него ассистентку — кошку Анфису. Теперь наши кошки ведут уроки-подсказки на английском и на русском языках. В жизни часто бывает, что лексика забегает вперёд грамматики. В этом случае Василия и Анфису очень выручает попугай Жорик, который беззаботно просит учащихся заучить материал наизусть, «без правил», как это принято у попугаев. Кстати, ваши ученики могут сшить этих героев своими руками, используя выкройки в конце книги.

Благодаря опоре на яркий иллюстративный материал и поддержке на английском языке обучение построено в живой, динамичной форме, с постоянным чередованием видов учебной деятельности, так чтобы проявлялась интеллектуальная, эмоциональная и речевая активность учащихся.

### Инновация 3

Персонаж Маг знакомит учащихся с существительными и их падежными окончаниями, объясняя магическую зависимость имён существительных от глаголов. А что же делает преподаватель? Авторы специально отводят ему «второстепенную роль», для того чтобы учащийся был психологически раскрепощён и непринуждённо общался с Василием, Анфисой, Жориком и Магом. Таким образом, роль преподавателя как бы сводится к тому, чтобы объяснять некоторые «трудности» и отвечать на вопросы учащихся.

### Инновация 4

Авторы сознательно избегают привычных для учебника слов: урок, задание и упражнение. Персонажи общаются с учащимися, «подсказывают» им, используя «свой житейский опыт», и подводят их к выполнению письменных и устных упражнений, не акцентируя внимание на этих «классических» словах, а используя свои приёмы. Если эти слова и употребляются, они не выделены в книге жирным шрифтом, а говорятся как бы между прочим.

### Инновация 5

Персонажи находятся в постоянном и тесном взаимодействии с учащимися, это позволяет в полной мере проявиться принципу интерактивности. В упражнениях персонажи часто вступают в непосредственный контакт с учащимися и просят ответить на их вопросы или, наоборот, задать свои вопросы персонажу упражнения.

### Инновация 6

Уроки-подсказки специально построены по-разному, чтобы «разбудить» непроизвольное внимание учащихся и избежать «штампованной» подачи материала. Авторы наполняют каждый урок идеями для релаксации учащихся: это юмор в диалогах или монологах, смешные ситуации и весёлые персонажи. Английский язык адаптирован и не представляет трудности даже для тех, для кого он неродной.


Авторы желают всем, кто будет пользоваться этой книгой, помнить о том, что она называется «Занимательный русский» и что даже такой трудный русский язык можно начать изучать с нуля с удовольствием. Желаем, чтобы зёрнышки удовольствия от изучения русского языка превратились в сильные ростки любви к русской культуре!

*С уважением,*
*авторы*

# PART 1. READING RULES
# ЧАСТЬ 1. ПРАВИЛА ЧТЕНИЯ

## CAT'S TIP № 1.    Sounds. Voiced and voiceless consonants
## ПОДСКАЗКА № 1. Звуки. Звонкие и глухие

All Russian sounds are divided into vowels and consonants:

**Vowels:**

Аа, Оо, Уу, Ээ, Ии, ы,

Яя, Юю, Ее, Ёё

**Consonants:**

Бб, Вв, Гг, Дд, Жж, Зз, Йй, Кк, Лл, Мм, Нн, Пп, Рр, Сс, Тт,

Фф, Хх, Цц, Чч, Шш, Щщ

**Consonants** can be **soft** or **hard**. It depends on the previous vowel.

Can you imagine? In the Russian alphabet, there are two special letters: **ь** and **ъ**. They are not sounds. They are called soft sign (ь) and hard sign (ъ). They make the previous consonant soft or hard.

I would like to draw your attention to these signs. They are strange and curious for foreigners. For example, you may find a soft sign in my name — **Ва́ська**. Looking ahead I am going to tell you that we will study Russian verbs very soon. Every time when we see an infinitive, we can find a **soft sign**. What do we need infinitives for?

First of all, we use infinitives to describe our happy life: отдыха́ть, спать, пить, есть, люби́ть, ходи́ть, е́здить, гуля́ть and so on. As you have already noticed all of them have a soft sign at the end.

As for the **hard sign** we won't find it that often. Sometimes words with a hard sign and words without it have different meanings! For example, in the phrase "I have eaten fish" (я **съел** ры́бу), the word «**съел**» means "I have eaten". But the word «**сел**» (without a hard sign) means "sat".

All Russian **consonants** can be of two types: **voiced and voiceless**. They are friends and they like to stand in pairs. Let's have a look at these pairs and memorize them. Do you want to know why? They'll help us to read Russian words correctly. When we meet a voiced consonant at the end of the word, we should pronounce it quietly. That is why instead of a voiced consonant we read a voiceless one. Please, read the letters and the words below:

| Звонкие (voiced) | Г В З Ж Б Д |
|---|---|
| Глухие (voiceless) | К Ф С Ш П Т |

дру**г** [дру**к**]          Ивано**в** [ивано**ф**]          гла**з** [гла**с**]

но**ж** [но**ш**]          хле**б** [хле**п**]          ги**д** [ги**т**]

Remember! If you see a voiced consonant before a voiceless one, it also becomes voiceless! Don't forget about it when you pronounce prepositions as well.

For example: **в**т**о́**рник [**ф**торник], **в** **к**афе́ [**ф**кафэ], **в** **т**акси́ [**ф**такси], но́**гт**и [но**кт**и], ло́**жк**а [ло**шк**а], **у́зк**ий [**у́ск**ий], ло́**дк**а [ло**тк**а].

---

*Can you read these words? Now you know the rules and it will be easy for you! If you like, you can use a dictionary and find the meaning of these words yourself.*

- юг, флаг, диало́г, пу́динг, ка́стинг, ке́мпинг, ре́йтинг
- лев, рука́в, масси́в, инфинити́в
- газ, арбу́з, блюз, глаз, джаз, алма́з, ана́лиз
- пляж, эта́ж, бага́ж, бридж, гара́ж, типа́ж, макия́ж
- зуб, куб, лоб, ара́б, гриб, клуб, краб
- дед, сад, год, за́пад, пара́д

9

**Can you write down Russian vowels and consonants? Try to do it! It's not difficult!**

| | | | | | |
|---|---|---|---|---|---|
| Аа | *Аа* | .................... | Рр | *Рр* | .................... |
| Бб | *Бб* | .................... | Сс | *Сс* | .................... |
| Вв | *Вв* | .................... | Тт | *Тт* | .................... |
| Гг | *Гг* | .................... | Уу | *Уу* | .................... |
| Дд | *Дд* | .................... | Фф | *Фф* | .................... |
| Ее | *Ее* | .................... | Хх | *Хх* | .................... |
| Ёё | *Ёё* | .................... | Цц | *Цц* | .................... |
| Жж | *Жж* | .................... | Чч | *Чч* | .................... |
| Зз | *Зз* | .................... | Шш | *Шш* | .................... |
| Ии | *Ии* | .................... | Щщ | *Щщ* | .................... |
| Йй | *Йй* | .................... | ъ | *ъ* | .................... |
| Кк | *Кк* | .................... | ы | *ы* | .................... |
| Лл | *Лл* | .................... | ь | *ь* | .................... |
| Мм | *Мм* | .................... | Ээ | *Ээ* | .................... |
| Нн | *Нн* | .................... | Юю | *Юю* | .................... |
| Оо | *Оо* | .................... | Яя | *Яя* | .................... |
| Пп | *Пп* | .................... | | | |

Аа ............ Оо ............ Уу ............ Ээ ............ Ии ............ ы ............

Яя ............ Юю ............ Ее ............ Ёё ............

Бб ............ Вв ............ Гг ............ Дд ............ Жж ............ Зз ............ Йй ............

Кк ............ Лл ............ Мм ............ Нн ............ Пп ............ Рр ............ Сс ............

Тт ............ Фф ............ Хх ............ Цц ............ Чч ............ Шш ............ Щщ ............

ь ............ ъ ............

**It's time for writing practice. Write down these Russian letters and words correctly:**

Журна́л «Мо́да».

Испа́ния.
Мадри́д.

Магази́н «Кни́ги».

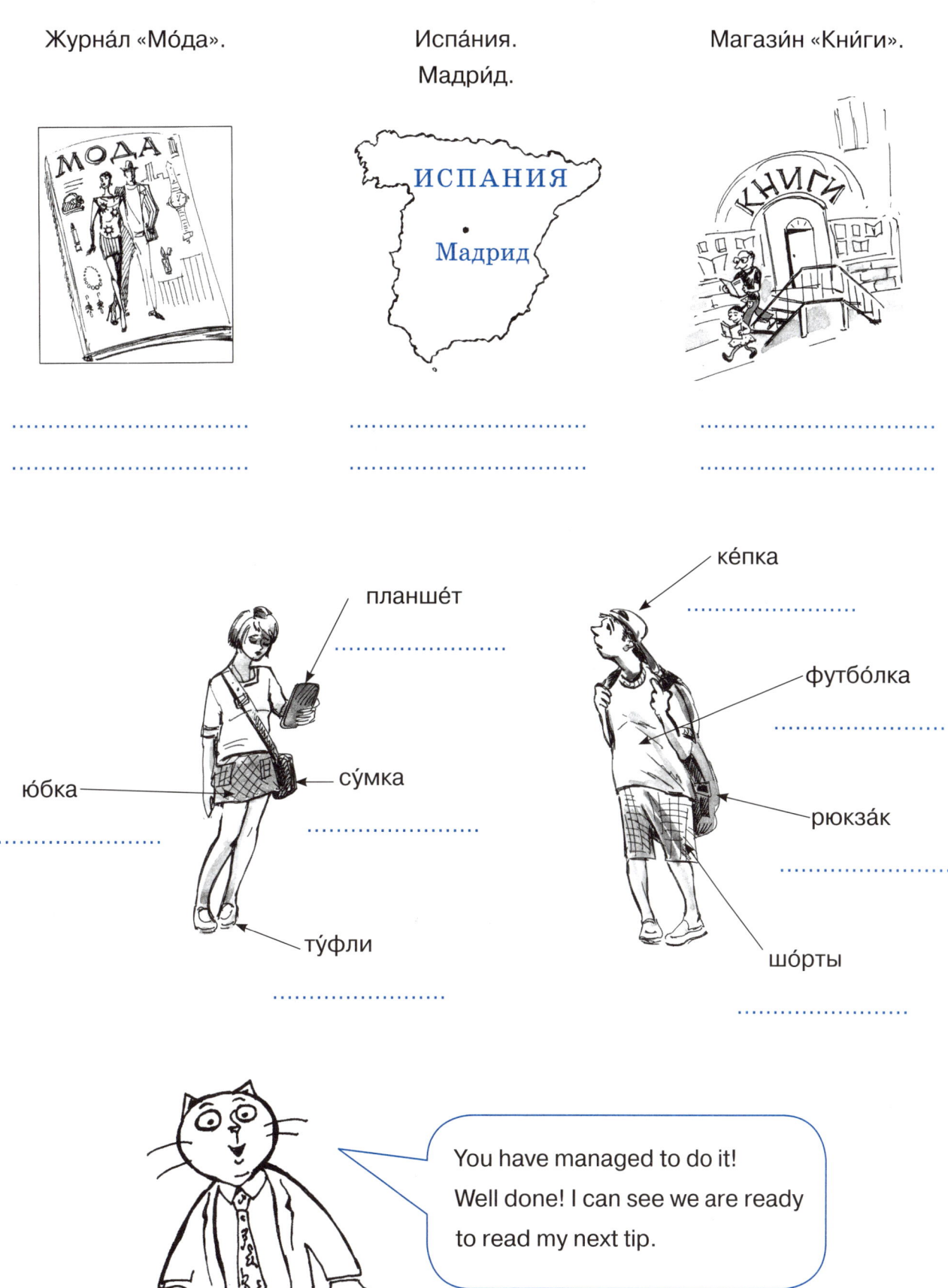

..................................

..................................

..................................

..................................

..................................

..................................

планше́т

..................................

кéпка

..................................

футбóлка

..................................

ю́бка

..................................

су́мка

..................................

рюкза́к

..................................

ту́фли

..................................

шóрты

..................................

You have managed to do it!
Well done! I can see we are ready
to read my next tip.

11

## Vowels in a stressed and an unstressed position

Dear friends! Russian words are different. They may be very short (1 syllable) and long (2, 3, 4, 5, 6 and more syllables). Every word has its own stress position. The stressed vowel must be pronounced longer than the others. When a foreigner reads Russian texts, it's always a problem where to put the stress, because you will not find the stress signs in Russian books. Usually we should learn new words and remember the stress position. But you can find the sign of the stress in a dictionary or in the texts for beginners, for example in this book.

You already know how to read Russian consonants. And how to read vowels? Do they have their own rule? Yes, of course! There are some vowels, which are not difficult to read. You can easily read the words, where there are such letters as **а**, **у**, **и**, **ы**, **э**, **ю**, **ё**. They always sound the same.

*Например:* бант, лук, сыр, мир, э́ти, Ю́ра, ёлка, стака́н,

думаю, стих, слы́шу, Э́лла, юла́, мы идём.

But there are three vowels: **о**, **е**, **я**, which depend on the place of the stress in a word. In the stressed position, you can read them as they sound in the alphabet.

In the unstressed position    **О** becomes **А**

                        **Е** becomes **И**

                        **Я** becomes **И**

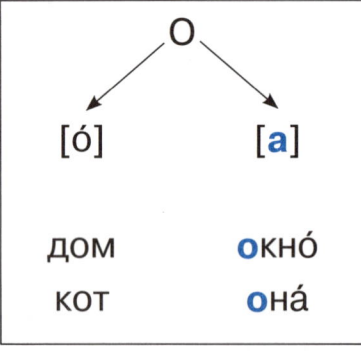

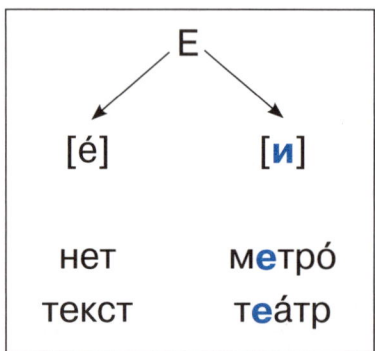

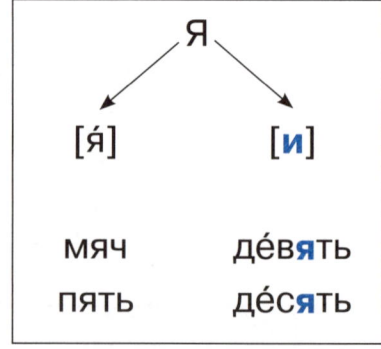

***Let's try to read these words together.***

***Pay attention to the letters: о, е, я.***

- стоп, спорт, алло́, па́спорт, ро́за, стадио́н, о́фис, футбо́л, кио́ск, до́ктор, конце́рт, сона́та, симфо́ния, рома́н, контро́ль, дире́ктор, сало́н, макаро́ны, тост, Ло́ндон, компью́тер, поли́тика, програ́мма, О́льга, Москва́, Росси́я

- телефо́н, телеви́зор, теа́тр, бале́т, биле́т, о́пера, Светла́на, музе́й, метро́, суперма́ркет, рестора́н, респу́блика, фестива́ль, интервью́, литерату́ра, брасле́т, буке́т, парла́мент, делега́ция, револю́ция, конфере́нция, рефо́рма, пробле́ма, демокра́тия, секрета́рь, пре́сса, президе́нт, инжене́р

- Я́лта, пасья́нс, алья́нс, я́хта, яхтсме́н, Япо́ния, япо́нский язы́к, Я́ва, ягуа́р, Яку́тия, Яма́йка, Я́ндекс, пять, пятна́дцать, пятьдеся́т

***Read Russian numbers.***

***Pay attention to the reading rules.***

| 1 | 2 | 3 | 4 | 5 | 6 | 7 | 8 | 9 | 10 |
|---|---|---|---|---|---|---|---|---|----|
| оди́н | два | три | четы́ре | пять | шесть | семь | во́семь | де́вять | де́сять |

| 11 | 12 | 13 | 14 | 15 |
|----|----|----|----|----|
| оди́ннадцать | двена́дцать | трина́дцать | четы́рнадцать | пятна́дцать |

| 16 | 17 | 18 | 19 | 20 |
|----|----|----|----|----|
| шестна́дцать | семна́дцать | восемна́дцать | девятна́дцать | два́дцать |

| 30 | 40 | 50 | 60 | 70 |
|----|----|----|----|----|
| три́дцать | со́рок | пятьдеся́т | шестьдеся́т | се́мьдесят |

| 80 | 90 | 100 |
|----|----|-----|
| во́семьдесят | девяно́сто | сто |

My dear friends! If you study a foreign language, it is interesting to know some speech etiquette. It will help you in every conversation! Let's read them correctly!

| | |
|---|---|
| Hi! | Приве́т! |
| Hello! | Здра́вствуйте! |
| Thank you! | Спаси́бо! |
| Thank you very much! | Большо́е спаси́бо! |
| Please | Пожа́луйста |
| Excuse me / Sorry | Извини́те, ... |
| Let's get acquainted | Дава́йте познако́мимся! |
| Nice to meet you. | О́чень прия́тно. |
| How are you? | Как дела́? |
| Very well, thank you! | Хорошо́, спаси́бо! |
| Good morning! | До́брое у́тро! |
| Good afternoon! | До́брый день! |
| Good evening! | До́брый ве́чер! |
| Bye! | Пока́! |
| Good bye! | До свида́ния! |
| All the best! | Всего́ хоро́шего! |
| Tell me, please! | Скажи́те, пожа́луйста! |

If you like, I can tell you a secret! There are some interesting words in the Russian language. They don't like reading rules and have their own way of pronunciation. Nobody knows why we should read them in this way! Never mind! Don't think about the rules! Just remember the reading:

его́ [йиво́] his

что [што] what

ничего́ [ничиво́] nothing

здра́вствуй [здра́ствуй] hello

пожа́луйста [пажа́луста] please

коне́чно [кане́шна] of course

 If you are at the airport or at the railway station, you can see the following signs with the words, written in Russian and English. Please, read them, listen and repeat. 03

| ДОБРО́ ПОЖА́ЛОВАТЬ! Welcome! | ПА́СПОРТНЫЙ КОНТРО́ЛЬ Passport control | СПРА́ВОЧНОЕ БЮРО́ Information desk |
|---|---|---|

| ТАКСИ́ Taxi | ОСТАНО́ВКА АВТО́БУСА Bus stop | ЗАЛ ОЖИДА́НИЯ Waiting room | ВЫ́ХОД В ГО́РОД Exit to the city |
|---|---|---|---|

| АПТЕ́КА Pharmacy | ТУАЛЕ́Т Toilets | МЕТРО́ Underground | ВХОД Entrance | ВЫ́ХОД Exit |
|---|---|---|---|---|

| РЕГИСТРА́ЦИЯ Check-in | ОТПРАВЛЕ́НИЕ Departures | ПРИБЫ́ТИЕ Arrivals | ВЫ́ХОД НА ПОСА́ДКУ Gate |
|---|---|---|---|

| БИЛЕ́ТНАЯ КА́ССА Booking office | СЕ́РВИС-ЦЕНТР Service center | ВНУ́ТРЕННИЕ ЛИ́НИИ Domestic flights |
|---|---|---|

| КА́МЕРА ХРАНЕ́НИЯ Luggage storage | ТАМО́ЖЕННЫЙ КОНТРО́ЛЬ Customs control | ВЫ́ДАЧА БАГАЖА́ Luggage claim |
|---|---|---|

| РЕСТОРА́Н Restaurant | ПО́ЧТА Post office | ПЕРЕХО́Д Cross here | СТОЯ́НКА Parking |
|---|---|---|---|

| ГОСТИ́НИЦА Hotel | ТЕРМИНА́Л А Terminal A | ВНИМА́НИЕ! Attention! | НЕ КУРИ́ТЬ! No smoking! |
|---|---|---|---|

| ОТКРЫ́ТО Open | ЗАКРЫ́ТО Closed | К СЕБЕ́ Pull | ОТ СЕБЯ́ Push | ЛИФТ Elevator / lift |
|---|---|---|---|---|

| ПУНКТ ДОСМО́ТРА Security control | ПРИЁМ БАГАЖА́ Luggage drop off | РО́ЗЫСК БАГАЖА́ Luggage claim |
|---|---|---|

 Dear ladies and gentlemen! You have already learned how to read correctly. My congratulations! We will continue our Russian classes tomorrow. And now I would like to say goodbye to you!

До свида́ния!

Good bye!

До свида́ния! Всего́ хоро́шего!

Good bye! All the best!

До за́втра!

See you tomorrow!

## ЗОЛОТЫ́Е ВОРОТА́

Ру́сская наро́дная игра́

Золоты́е ворота́
Проходи́те, господа́!
Пе́рвый раз проща́ется,
Второ́й раз запреща́ется,
А на тре́тий раз
Не пропу́стим вас!

https://youtu.be/38cVxW_zXZs

*Listen, learn and sing a song.*

## CAT'S TIP № 3.     Good morning!
## ПОДСКА́ЗКА № 3.  До́брое у́тро!

Good morning! Please, meet my assistant!
He is a parrot. His name is Zhorik. He doesn't know any grammar rules, but he can speak Russian and English. Well done, Zhorik! Bravo! If you see him on a page of this book, it means that you may forget about grammar and simply act like him:
repeat the words or the phrases 10–15 times.
And this way you will remember them well.

Дава́йте познако́мимся!
Я Жо́рик!

Let's get acquainted!
My name is Zhorik!

О́чень прия́тно!

Nice to meet you!

Мне то́же о́чень прия́тно!

Nice to meet you too!

 Now it's your turn!

ЗНАКО́МСТВО • INTRODUCE YOURSELF

Дава́йте познако́мимся!
Я Лю́да.

Дава́йте познако́мимся!
Я ..................................

О́чень прия́тно!
Я ............................

О́чень прия́тно!
Я Кароли́на.

Мне то́же о́чень прия́тно.

Мне то́же о́чень прия́тно.

18

 In the CAT'S TIP № 2 you have already seen different variants of greetings. Now I want to give you a little more information about it.

## ПРИВЕ́ТСТВИЕ • GREETING

1. Приве́т!
2. Здра́вствуй!

(You can use these words with your friend or with the person, whom you know well.)

Здра́вствуй**те**!

(You can use this word with a person, whom you don't know, with a person older than you, or with a group of people.)

Two girls met each other in the street:

| | | | |
|---|---|---|---|
| *Лю́ся:* | То́ня, здра́вствуй! | *Lucy:* | Tonya, hello! |
| *То́ня:* | Здра́вствуй, Лю́ся! | *Tonya:* | Hi, Lucy! |
| *Лю́ся:* | Как дела́? | *Lucy:* | How are you? |
| *То́ня:* | Спаси́бо, хорошо́, а у тебя́? | *Tonya:* | Thank you. I'm well, and you? |
| *Лю́ся:* | У меня́ то́же хорошо́! | *Lucy:* | I'm also very well! |

Ivan Petrovich met his neighbor, who is younger, than him:

| | | | |
|---|---|---|---|
| *Ива́н Петро́вич:* | Здра́вствуй, Ната́ша! | *Ivan Petrovich:* | Hello, Natasha! |
| *Ната́ша:* | Здра́вствуйте, Ива́н Петро́вич! | *Natasha:* | Hello, Ivan Petrovich! |
| *Ива́н Петро́вич:* | Как дела́? | *Ivan Petrovich:* | How are you? |
| *Ната́ша:* | Спаси́бо, Ива́н Петро́вич, хорошо́! | *Natasha:* | Thank you, Ivan Petrovich, I'm well! |
| *Ива́н Петро́вич:* | До свида́ния, Ната́ша! | *Ivan Petrovich:* | Good bye, Natasha! |
| *Ната́ша:* | До свида́ния, всего́ хоро́шего! | *Natasha:* | Good bye, all the best! |

There are some other greetings, which you can use, when you meet people.
But they depend on the time of the day: morning, afternoon and evening.

День

Ýтро

Вéчер

Дóбрый день!

Дóброе ýтро!

Дóбрый вéчер!

And now we will try to remember how to express your gratitude and how to answer if somebody says: "Thank you!" Well, Zhorik! It's your turn to speak!

05

| Спасúбо! | Thank you! |
| Большóе спасúбо! | Thank you very much! |
| Пожáлуйста! | It's my pleasure! |
| Нé за что! | Don't mention it! |

БЛАГОДÁРНОСТЬ • GRATITUDE

Dear Zhorik! Tell me, please, which polite word is the most important? Think, Zhorik, think! If you did something unpleasant… For example, you stepped on someone's foot or you touched someone's shoulder with your wing.

Which words would you have to say? You must apologize! Which Russian words do you know?

Извини́те!

Excuse me! Sorry!

Прости́те!

I'm sorry!

Извини́те, пожа́луйста!

Excuse me, please!

Zhorik! If someone asks you to excuse him, what would be your answer?

Ничего́!

Never mind!

Быва́ет!

Don't mention it.

Извини́те!

Быва́ет!

Извини́те!

Ничего́!

21

 Dear friends! Here is a piece of good news for you! Sometimes we can make **phrases without verbs**. And these phrases are grammatically correct! This is especially convenient for tourists. As soon as you go out on the streets of the city, you may ask where certain place is, using the interrogative word «**где**» (where). You can add a name of the place which you are interested in. For example: «**Где банк?**» So, I invite our parrot Zhorik, who will help you to remember some names of useful places in the city.

| ГДЕ<br>where is | | |
|---|---|---|
| | **метро́?** | the metro |
| | **банк?** | the bank |
| | **банкома́т?** | the ATM |
| | **кафе́?** | the café |
| | **перехо́д?** | the pedestrian crossing |

| ГДЕ<br>where is | | |
|---|---|---|
| | **теа́тр?** | the theater |
| | **музе́й?** | the museum |
| | **апте́ка?** | the pharmacy |
| | **туале́т?** | the toilet |
| | **суперма́ркет?** | the supermarket |

## ГДЕ

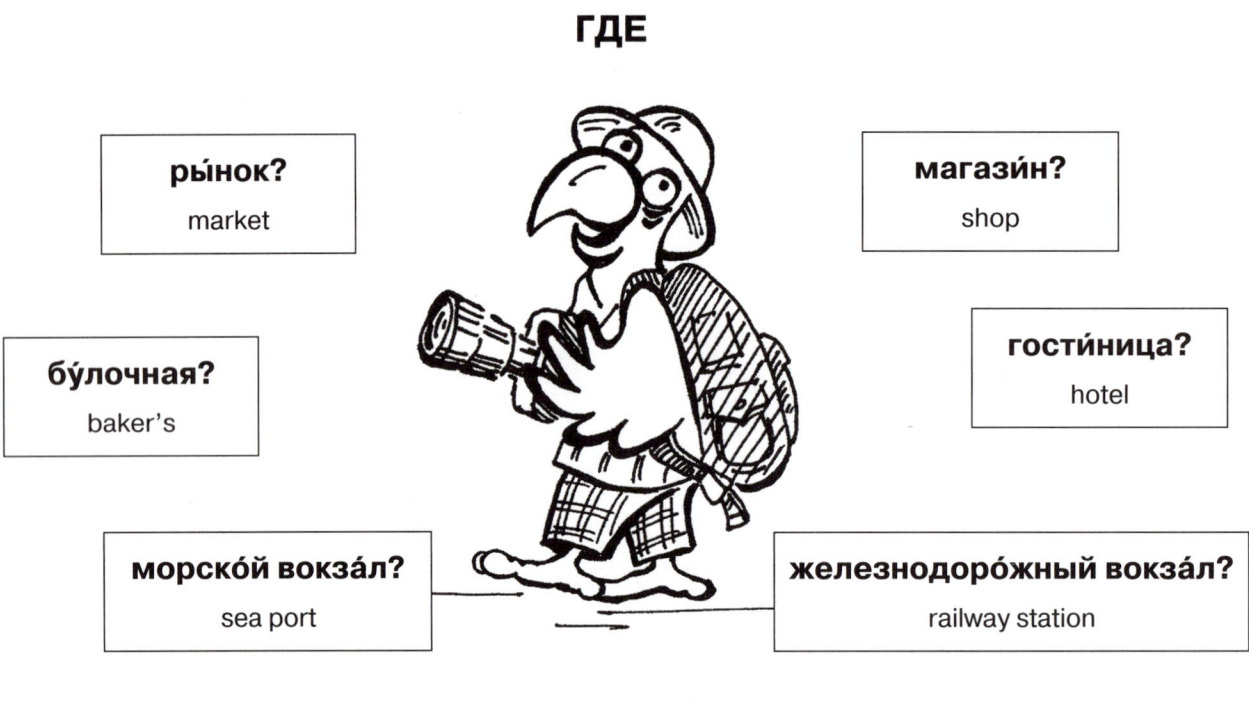

**ры́нок?**
market

**магази́н?**
shop

**бу́лочная?**
baker's

**гости́ница?**
hotel

**морско́й вокза́л?**
sea port

**железнодоро́жный вокза́л?**
railway station

**сто́йка информа́ции?**
information desk

**остано́вка авто́буса?**
bus stop

 And these are the answers to our questions, which we might hear:

**пря́мо** go ahead, **напра́во** go to the right, **нале́во** go to the left, **тут** here, **здесь** here, **там** there, **спра́ва** at the right, **сле́ва** at the left, **э́то далеко́** it's far from here, **э́то недалеко́** it's not far from here

 And now, please, act out the dialogues. Listen, repeat and try to remember the intonation!

*Турúст:* Извинúте!

*Вы:* Да, пожáлуйста!

*Турúст:* Где банкомáт?

*Вы:* Это недалекó. Там.

*Турúст:* Спасúбо!

*Турúст:* Скажúте, пожáлуйста, где останóвка автóбуса?

*Вы:* Останóвка автóбуса? Это далекó. Идúте прямо, потóм напрáво. Останóвка автóбуса там.

*Турúст:* Большóе спасúбо!

*Вы:* Пожáлуйста!

 And now, please, make your own dialogues and write them down:

*А:* .................................................................

*Б:* .................................................................

*А:* .................................................................

*Б:* .................................................................

*А:* .................................................................

*Б:* .................................................................

*А:* .................................................................

*Б:* .................................................................

*А:* .................................................................

*Б:* .................................................................

*А:* .................................................................

*Б:* .................................................................

*А:* .................................................................

*Б:* .................................................................

*А:* .................................................................

*Б:* .................................................................

*А:* .................................................................

*Б:* .................................................................

 Now you know a lot of expressions for speech etiquette. All of them are "magic words", which will help you to communicate fluently with the local people from the very first moment. So, it's time for me to tell you: "Good bye!"

**До свида́ния, всего́ до́брого!**

Good bye! All the best for you!

**До ско́рой встре́чи!**

See you soon!

**До за́втра!**

See you tomorrow!

**До встре́чи!**

**(Жела́ю вам) Хоро́ших выходны́х!**

See you! (I wish you) a pleasant weekend!

**Пока́!**

Bye!

## ШУМЕ́Л КАМЫ́Ш

Ру́сская наро́дная пе́сня

Шуме́л камы́ш, дере́вья гну́лись,
А но́чка тёмная была́.
Одна́ возлю́бленная па́ра
Всю ночь гуля́ла до утра́…

Приду́ домо́й, а до́ма спро́сят:
«Где ночь гуля́ла, с кем была́?»
А я скажу́: «В саду́ гуля́ла,
Домо́й тропи́нки не нашла́».

https://youtu.be/YbHYphuIMPg

КАРАОКЕ ОТ ЖОРИКА

*Listen, learn and sing a song.*

# PART 2. GRAMMAR RULES
# ЧАСТЬ 2. ПРАВИЛА ГРАММАТИКИ

Ladies and gentlemen, good morning! Доброе утро! We live in a material world and everything in this world requires an answer to the questions "Who is this?" (for all living things) and "What is it?" (for all inanimate objects). So, how to ask these questions in Russian? For example, all animals, birds, and fish correspond with the question «**Кто** это**?**» when they are living in the natural world. However, when they have been cooked, they correspond with the question «**Что** это**?**».

***a) Look at the picture № 1 and write the phrases with each of the words you can see:***

**№ 1**

Вера

Серёжа

КТО ?

КТО ЭТО ?

мать

ребёнок

собáка

ýтка

рыба

**КТО ЭТО?**

1. Это .....................................

2. .....................................

3. .....................................

4. .....................................

5. .....................................

6. .....................................

7. .....................................

 If you want to connect two words together, use the word «**и**» (and).

***b) Listen to the dialogues and read them:*** 🎧 09

*А:* Кто это?

*Б:* Это Вера и Серёжа.

*А:* Кто это?

*Б:* Мать и ребёнок.

*А:* Кто это?

*Б:* Это собáка, ýтка и рыба.

*c) Answer the questions:*

1. Это де́вочка Ве́ра?

   Да, .........................

2. Это ма́льчик Серёжа?

   Да, .........................

3. Это у́тка и ры́ба?

   Да, .........................

*a) Look at the picture № 2 and write the phrases with each of the words you can see:*

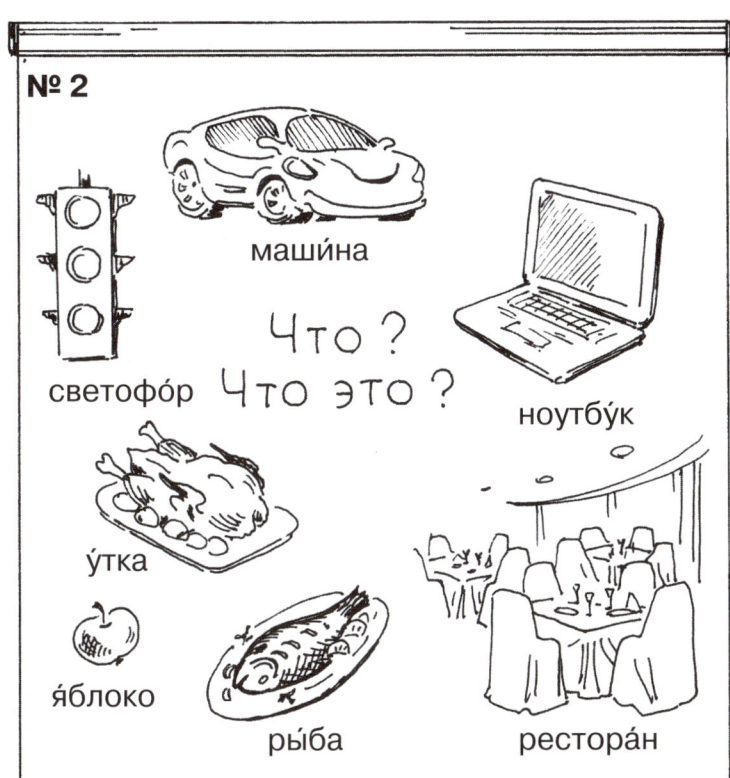

№ 2

машина

светофо́р  Что ?  Что это ?

ноутбу́к

у́тка

я́блоко

ры́ба

рестора́н

ЧТО ЭТО?

1. Э́то .................................

2. .................................

3. .................................

4. .................................

5. .................................

6. .................................

7. .................................

*b) Listen to the dialogue and read it:*

А: Что э́то?

Б: Это светофо́р, маши́на и ноутбу́к.

А: А что э́то?

Б: Это рестора́н.

А: А э́то что?

Б: Это у́тка, я́блоко и ры́ба.

1. Это светофо́р и маши́на?

   Да, .................................

2. Это ноутбу́к?

   Да, .................................

3. Это я́блоко?

   Да, .................................

As you know, foreigners like to point to the things around them and ask questions about its meaning. Let's do an exercise: look at the picture on page 31, choose two things you like and point to them. After that ask your friend «**Как по-ру́сски** э́то и э́то?» (How do you say it in Russian?). Listen to the answers. Try to remember the new words.

*a) Look at the picture № 3. Read the text on the picture.*

*б) Read the dialogues under the picture.*

№ 3

ЧТО ЭТО?

ПОДАРОК

Ах! РЫБА!

собáка     кóшка
Шáрик      Мýрка

| | | |
|---|---|---|
| *А:* Кто э́то? | *А:* Э́то подáрок? | *А:* Мýрка, э́то подáрок! |
| *Б:* Э́то собáка Шáрик. | *Б:* Да, подáрок. | *Б:* Ах, ры́ба! |
| *А:* Что э́то? | *А:* Э́то собáка Жýчка? | Спаси́бо, Шáрик! |
| *Б:* Э́то подáрок. | *Б:* Нет, э́то Шáрик. | *А:* Пожáлуйста! |

 If you want to compare two words, use the word «**a**» (but). For example:

       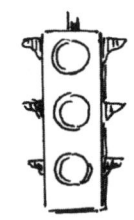

| | | |
|---|---|---|
| Э́то дéвочка Вéра,<br>    а э́то мáльчик Серёжа. | Э́то собáка,<br>    а э́то подáрок. | Э́то маши́на,<br>    а э́то светофóр. |

 Look at the pictures № 1, 2 and 3 (see pages 26–28). Ask your questions as in the model below:

— Э́то мать. А э́то кто?

— А э́то ребёнок.

*Continue, please!*

Dear friends! Now you know two Russian words: «**и**» and «**а**». They are short, but very important. Use «**и**» not only to combine words together, but to show their similarity. Use «**а**» to show the difference.

*Please, read the dialogues and the phrases below the pictures. I hope you will never forget the meaning of «и» and «а».*

Надя          Маша

Антон          Максим

*А:* Кто это?

*Б:* Это Антон и Максим.

*А:* Антон — это мальчик?

*Б:* Да, Антон — это мальчик.

*А:* Максим — это мальчик?

*Б:* Да. Максим — это мальчик.

*А:* Кто это?

*Б:* Это Надя и Маша.

*А:* Надя — это девочка?

*Б:* Да, Надя — это девочка.

*А:* Маша — это девочка?

*Б:* Да. Маша — это девочка.

Надя — девочка, **и** Маша **тоже** девочка.

Антон — это мальчик, **и** Максим **тоже** мальчик.

Надя — девочка, **а** Антон — мальчик.

Маша — девочка, **а** Максим — мальчик.

Dear friends! As you know, we don't always agree with each other always. So, we should learn what to say if you disagree. There are two Russian words, which can help you. They are: «**нет**» and «**не**». Read the dialogues and you will understand how to use them in speech:

— Это я́блоко?

— Нет. Это не я́блоко. Это ма́нго.

— Это ры́ба?

— Нет. Это не ры́ба. Это у́тка.

## ДИАЛОГ С МАГОМ
## A DIALOGUE WITH A MAGICIAN

Meet my new assistant! He is a magician. His name is Mag. Not only he can do tricks, but he will explain the magic of Russian words. He will help you to understand how Russian words change their endings in 6 cases.

**Guess... what is hidden in the magician's hat?**

Йра: Су́мка?

Маг: Нет.

Йра: Шокола́д?

Маг: Нет, не шокола́д.

Йра: Плато́к?

Маг: Нет, не плато́к.

Йра: Фотоаппара́т?

Маг: Да! Молоде́ц!

      Это фотоаппара́т!

**Use the words from the box for your own dialogue:**

> бана́н, круасса́н, брасле́т, я́блоко, ки́ви, апельси́н, су́мка, кни́га, ру́чка

Вы: ...........................................?

Маг: Нет.

Вы: ...........................................?

Маг: Нет, это не ................................

Вы: ...........................................?

Маг: Нет, это не ................................ .

Вы: ...........................................?

Маг: Да! Молоде́ц!

      Это .....................................!

Just imagine! You are a magician. Smile and draw your own face in the picture. I'll trie to guess what is in the magician's hat.

And you (as a magician) answer his questions:

*Василий:* Моби́льник?

*Маг:* .................................

*Василий:* Креди́тная ка́рта?

*Маг:* .................................

*Василий:* Кольцо́?

*Маг:* .................................

*Василий:* Слова́рь?

*Маг:* Молоде́ц, э́то слова́рь.

(креди́тная) ка́рта

я́блоко

моби́льник

кольцо́

 Think up your dialogue and write it down.

*А:* .............................................................................

*Б:* .............................................................................

*А:* .............................................................................

*Б:* .............................................................................

*А:* .............................................................................

*Б:* .............................................................................

*А:* .............................................................................

*Б:* .............................................................................

Congratulations! We spoke about Russian **NOUNS**.

This is the name for the words, which we use, answering the questions: «**Кто э́то?**» и «**Что э́то?**» I hope this topic wasn't too difficult for you. Was it?

## CAT'S TIP № 5.    Gender of nouns
## ПОДСКАЗКА № 5.  Род существительных

Ladies and gentlemen, good afternoon!

Maybe you have already noticed that Russian nouns have different endings? You are right! Here I would like to tell you a few words about gender. So, we divide Russian nouns into three groups: he — **он**, she — **она́**, it — **оно́**.

— КТО э́то? Э́то СТУДÉНТ?  
— Да, э́то ОН.  
— КТО э́то? Э́то СТУДÉНТКА?  
— Да, э́то ОНÁ.  
— КТО э́то? Э́то ТИГР?  
— Да, э́то ОН.

— ЧТО э́то? Э́то ДОМ?  
— Да, э́то ОН.  
— ЧТО э́то? Э́то РÓЗА?  
— Да, э́то ОНÁ.  
— ЧТО э́то? Э́то КОЛЬЦÓ?  
— Да, э́то ОНÓ.

| ОН (usually ends with a consonant) | | ОНÁ (usually ends with -а, -я) | | ОНÓ (usually ends with -о, -е) | |
|---|---|---|---|---|---|
| Ива́н<br>брат<br>друг<br>тигр | *Кто э́то?* | Áнна<br>Эмма<br>ма́ма<br>тётя | *Кто э́то?* | окно́<br>молоко́<br>сло́во<br>письмо́<br>ма́сло<br>мы́ло<br>мо́ре<br>зда́ние | *Что э́то?* |
| дом<br>го́род<br>каранда́ш<br>стол | *Что э́то?* | ка́рта<br>страна́<br>кни́га<br>земля́ | *Что э́то?* | | |

 Dear friends! Please, pay attention to the picture «Завтрак в гостинице» ("Breakfast in the hotel") on the next page. We will need it for your next task. Let's begin our practice. Look at the picture and read the words which you can see under them. After that divide the words into three groups based on the gender and write them down. Enjoy your work!

| ОН | ОНА́ | ОНО́ |
| --- | --- | --- |
| ..................................... | ..................................... | ..................................... |
| ..................................... | ..................................... | ..................................... |
| ..................................... | ..................................... | ..................................... |
| ..................................... | ..................................... | ..................................... |
| ..................................... | ..................................... | ..................................... |
| ..................................... | ..................................... | ..................................... |
| ..................................... | ..................................... | ..................................... |
| ..................................... | ..................................... | ..................................... |

## LET'S PLAY!

### Make your own dialogues according to the model:

Покажи́ мне, пожа́луйста, где Я́БЛОКО?

(Show me, please, where is the apple?)

Я́блоко? Вот ОНО́.

(The apple? Here it is!)

ча́шка

ча́йник

ко́шка Му́рка

жемчу́жное ожере́лье (колье́)

**14**

*А:* Э́то ко́шка Му́рка?

*Б:* Да, э́то **она́**.

*А:* Э́то ожере́лье?

*Б:* Да, э́то **оно́**.

*А:* Э́то ча́шка?

*Б:* ……………………………

*А:* Э́то ча́йник?

*Б:* ……………………………

## РЕСТОРА́Н «КО́СМОС»

1. Э́то Па́вел.

   Он официа́нт.

### ДИАЛО́Г

*А:* Кто э́то? Э́то Па́вел?

*Б:* Да, э́то Па́вел.

*А:* Па́вел официа́нт?

*Б:* Да, он официа́нт.

Э́то мужчи́на.

Он клие́нт.

Он тури́ст.

Он иностра́нец.

**16**

### ДИАЛО́Г

*А:* Кто э́то? Э́то клие́нт?

*Б:* ………………………………

*А:* Мужчи́на иностра́нец?

*Б:* ………………………………

2. Э́то Людми́ла.

   Она́ официа́нтка.

**17**

### ДИАЛО́Г

*А:* Кто э́то? Э́то официа́нтка Людми́ла?

*Б:* …………………………………………

3. Э́то Ви́ктор.

Он то́же официа́нт.

ДИАЛО́Г

*А:* Э́то Ви́ктор?

*Б:* Да, э́то он.

*А:* Ви́ктор журнали́ст?

*Б:* Нет, он не журнали́ст.

*А:* Кто он?

*Б:* Он официа́нт.

Э́то же́нщина.

Она́ клие́нтка.

Она́ тури́стка.

Она́ иностра́нка.

ДИАЛО́Г

*А:* Э́то мужчи́на?

*Б:* Нет, э́то же́нщина.

*А:* Она́ тури́стка?

*Б:* Да, тури́стка.

*А:* Она́ иностра́нка?

*Б:* Да, она́ иностра́нка.

**1. *Choose the correct answer:*** «**да**» (yes), «**нет**» (no), «**я не зна́ю** » (I don't know).

| | да | нет | я не зна́ю |
|---|---|---|---|
| 1. Па́вел — иностра́нец. | ☐ | ☐ | ☐ |
| 2. Людми́ла — официа́нтка. | ☐ | ☐ | ☐ |
| 3. Же́нщина-иностра́нка — тури́стка. | ☐ | ☐ | ☐ |
| 4. Ви́ктор — программи́ст. | ☐ | ☐ | ☐ |
| 5. Мужчи́на-иностра́нец — журнали́ст. | ☐ | ☐ | ☐ |
| 6. Же́нщина — ме́неджер. | ☐ | ☐ | ☐ |
| 7. Па́вел — такси́ст. | ☐ | ☐ | ☐ |
| 8. Людми́ла — журнали́стка. | ☐ | ☐ | ☐ |
| 9. Мужчи́на — бизнесме́н. | ☐ | ☐ | ☐ |

**2. *Read the text again and check yourself: why did you decide to choose your variant of the answer?***

**3. *In pairs. Listen to the questions from the dialogues and answer them. Try to do it without looking at the text.***

Ladies and gentlemen! In our everyday life it is very important to express our wishes. In Russian you may use the verb «хотеть» (to want).

Please, remember if someone asks you:

**«Что вы хотите?»** you should answer: **«Я хочу…»**

Dear friends!
Don't think about any rules! Just remember…

## Я ХОЧУ

- пить
- есть
- спать
- отдыхать
- обменять деньги
- танцевать
- зарядить телефон
- играть в компьютерные игры
- купить матрёшку
- слушать музыку
- проверить электронную почту
- говорить по скайпу, по ватсапу

## I WANT

- to drink (I'm thirsty)
- to eat (I'm hungry)
- to sleep
- to have a rest
- to change money
- to dance
- to charge a phone
- to play computer games
- to buy a matryoshka
- to listen to the music
- to check my e-mail
- to use Skype, WhatsApp

It is also very important to speak about the things you don't want to do. Add a small Russian word **«не»** to the verb **«Я хочу»**. The phrase you need will be: **«Я не хочу!»**

## Я НЕ ХОЧУ

- пить
- есть
- спать

- суп
- мороженое
- торт

## I DON'T WANT

- to drink (I'm not thirsty)
- to eat (I'm not hungry)
- to sleep

## I DON'T WANT ANY

- soup
- ice cream
- cake

Let's learn the conjugation of the verb **«хотéть»**. Try to remember all the forms of this verb in the Present Tense.

| | | | |
|---|---|---|---|
| Я хочý | I want | Мы хотúм | We want |
| Ты хóчешь | You want | Вы хотúте | You want |
| Он хóчет | He wants | Онú хотя́т | They want |

French tourists are talking in the street.

*Марú:* Жерáр, ты хóчешь пить?

— Gerard, do you want to drink?

*Жерáр:* Нет, я не хочý пить.
Я хочý есть. Где кафé úли ресторáн?

— No, I don't want to drink. I want to eat. Where is a cafe or a restaurant?

*Марú:* Тут кафé, здесь «Крóшка-картóшка», а там «Теремóк».

— There are a café, "Little-potato" is here, and "Teremok" is there.

*Жерáр:* «Крóшка-картóшка» — что э́то?

— What is it — "Little-potato"?

*Марú:* Э́то рýсский фастфýд: картóшка с начúнкой.

— It is a Russian fast food: potatoes with stuffing.

*Жерáр:* Нет, я не хочý. «Теремóк» — что э́то? Тóже рýсский фастфýд?

— No, I do not want to go there. «Teremok» — what is it? Is it also a Russian fast food?

*Марú:* Да, э́то рáзные блины́ с начúнкой.

— Yes, it's a different pancakes with stuffing.

*Жерар:* О, я хочý попрóбовать.

— Oh, I want to try.

Brother and sister are talking.

*Ю́рий:* Вéра, ты хóчешь игрáть в компью́терные úгры?

— Vera, do you want to play computer games?

*Вéра:* Нет, я не хочý игрáть в компью́терные úгры.

— No, I do not want to play computer games.

*Ю́рий:* Что ты хóчешь?

— What do you want?

*Вéра:* Я хочý провéрить электрóнную пóчту.

— I want to check my e-mails.

*Ю́рий:* Вот компью́тер.

— Here is the computer.

*Вéра:* Спасúбо!

— Thank you!

Amanda and Thomas are tourists. They are in the "Souvenir shop".

*Амáнда:* Тóмас, вы хотúте купúть матрёшку?

— Thomas, do you want to buy a matryoshka?

*Тóмас:* Да, я хочý купúть матрёшку и Чебурáшку. Амáнда, что вы хотúте купúть?

— Yes, I want to buy a matryoshka and Cheburashka. Amanda, what do you want to buy?

*Амáнда:* Я хочý купúть браслéт, кольцó и магнúт.

— I want to buy a bracelet, a ring and a magnet.

Good morning, dear students! Nice to meet all of you here! Today you are going to work with me. I'm an assistant of your professor. Mr. Vasily is very busy now. He is presenting his report at the linguistic conference and he asked me to help you in your studies. My name is Anfisa. I hope we will enjoy our work!

So, this time let's speak about **number**. As you know, there are three Russian words to show singular: **он** (he), **она́** (she), **оно́** (it). But what can you say, if there are more than one thing or one person? We use the word «**они́**» (they).

Let me ask you to pay attention to the letter «**Ы**». If we had no such letter, everything around us would be singular.
For example:

ро́за

тюльпа́н

But thanks to the letter «**Ы**», we have:

ро́з**ы**

тюльпа́н**ы**

The letter «**И**» is also very important for making plural.
For example:

ноутбу́к

су́мка

But thanks to the letter «**И**» we have:

ноутбу́к**и**

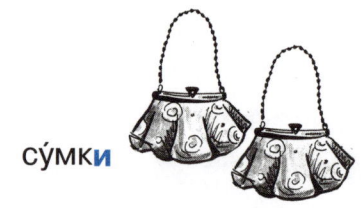

су́мк**и**

We need letters «**А**» and «**Я**» to make plural.
For example:

 кре́сло    зда́ние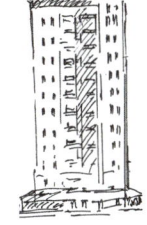

Thanks to the letter «**А**» we have:    кре́сл**а**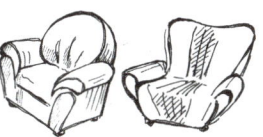

Thanks to the letter «**Я**» we have:    зда́ни**я**

 I am sure, you would like to ask a question:

When must we write «**Ы**», «**И**», «**А**» or «**Я**» in plural?
Do you need some more examples? Please, read the table and you'll become an expert.

| ОН — *ОНИ́* (singular — plural) | | ОНА́ — *ОНИ́* (singular — plural) | | ОНО́ — *ОНИ́* (singular — plural) | |
|---|---|---|---|---|---|
| студе́нт — студе́нт**ы** | | ла́мпа — ла́мп**ы** | | окно́ — о́кн**а** | |
| стол — стол**ы́** | **Ы** | газе́та — газе́т**ы** | **Ы** | письмо́ — пи́сьм**а** | **а** |
| музе́й — музе́**и** | | пе́сня — пе́сн**и** | | мо́р**е** — мор**я́** | |
| слова́р**ь** — словар**и́** | | семь**я́** — се́мь**и** | | общежи́ти**е** — общежи́ти**я** | **Я** |
| врач — врач**и́** | | вещ**ь** — ве́щ**и** | | зда́ни**е** — зда́ни**я** | |
| плащ — плащ**и́** | **И** | тетра́д**ь** — тетра́д**и** | **И** | | |
| эта́ж — этаж**и́** | | кни́га — кни́г**и** | | | |
| каранда́ш — карандаш**и́** | | ру́чка — ру́чк**и** | | | |
| уче́бник — уче́бник**и** | | ле́кция — ле́кци**и** | | | |
| *ь, й — **И** | | *ь, я — **И** | | *е — **Я** | |
| **after** | | **after** | | | |
| г, к, ж, ч, ш, щ — **И** | | г, к, ч, ш, щ — **И** | | | |

As you know, Russian language likes both — rules and exceptions. Pay attention to them, please!

## Exceptions:

| | | | |
|---|---|---|---|
| брат | — **бра́тья** | дом | — дома́ |
| друг | — **друзья́** | го́род | — города́ |
| стул | — **сту́лья** | глаз | — глаза́ |
| сын | — **сыновья́** | до́ктор | — доктора́ |
| де́рево | — **дере́вья** | | |

| | |
|---|---|
| челове́к | — **лю́ди** |
| ребёнок | — **де́ти** |
| я́блоко | — **я́блоки** |

дочь — до́ч**ери**

мать — ма́т**ери**

*I think now you know which letters you must write at the end of the words in plural?*
*Please, write them down:*

| ОН, ОНА, ОНО | **ОНИ** | ОН, ОНА, ОНО | **ОНИ** |
|---|---|---|---|
| авто́бус | | ключ | |
| шкаф | | нож | |
| телефо́н | | каранда́ш | |
| стака́н | | плащ | |
| журна́л | | парк | |
| рестора́н | | рубль | |
| гита́ра | | су́мка | |
| ма́ма | | тётя | |
| у́лица | | подру́га | |
| коро́ва | | ба́бушка | |
| кре́сло | | сло́во | |
| кольцо́ | | мо́ре | |
| зе́ркало | | зада́ние | |

Dear friends! I live in a beautiful city. And I invite you to go for a walk with me.

**Listen to the text about Moscow and read it:**

Это го́род Москва́. Москва́ — столи́ца Росси́и. Это большо́й и краси́вый го́род. Здесь прекра́сные у́лицы и проспе́кты, па́рки и скве́ры, музе́и и вы́ставочные за́лы. Здесь есть теа́тры и кинотеа́тры, кафе́ и рестора́ны. А э́то истори́ческий центр го́рода: Кра́сная пло́щадь и Кремль. Гла́вная у́лица Москвы́ — Тверска́я. Здесь есть больши́е гости́ницы: гости́ница «Национа́ль» и гости́ница «Москва́». Тут краси́вые ста́рые зда́ния, Белору́сский вокза́л, Центра́льный телегра́ф, ба́нки и це́ркви.

Здесь есть ста́нции метро́: «Охо́тный ряд», «Тверска́я», «Пу́шкинская», «Маяко́вская». Есть больши́е магази́ны «ЦУМ» и «ГУМ».

This is the city of Moscow. Moscow is the capital of Russia. This is a great and beautiful city. There are wonderful streets and avenues, parks and squares, museums and exhibition halls here. There are theaters and cinemas, cafes and restaurants in Moscow. And this is the historic center of the city: the Red Square and the Kremlin. The main street of Moscow is Tverskaya. There are large hotels there: the hotel "National" and the hotel "Moscow". There are beautiful old buildings there, Belorussky Railway Station, Central Telegraph, banks and churches.

There are metro stations here: "Okhotny Ryad", "Tverskaya", "Pushkinskaya", "Mayakovskaya". There are large department stores "Central Universal Shop" and "City Universal Shop" here.

**Find the nouns in plural and write them down below:**

...........................................................................................

...........................................................................................

...........................................................................................

...........................................................................................

Ladies and gentlemen, good morning!

Professor Vasily knows about your progress and sends you his best regards and promises to come back soon. It's me, Anfisa.

I'm still with you. Today we are going to learn more Russian grammar. You have already learnt how to answer the question: «Кто это?»

What can you say when you look at me?

Who is it? It's a cat Anfisa.

Кто это? Это кошка Анфиса.

But when I look into the mirror, I use a **pronoun** instead of a noun.

Who is it? It's me. **Кто** это? Это **я**.

Now I'll teach you what you can say if you speak about other persons.

## PERSONAL PRONOUNS

| Singular | | Plural | |
|---|---|---|---|
| I | Я | We | МЫ |
| You | ТЫ | You | ВЫ |
| He (it) | ОН | They | ОНИ́ |
| She (it) | ОНА́ | | |

As you know, people like to speak about things, which belong to them.

That is why we must use one more question: «**Чей?**»

There are four variants of this word in Russian.

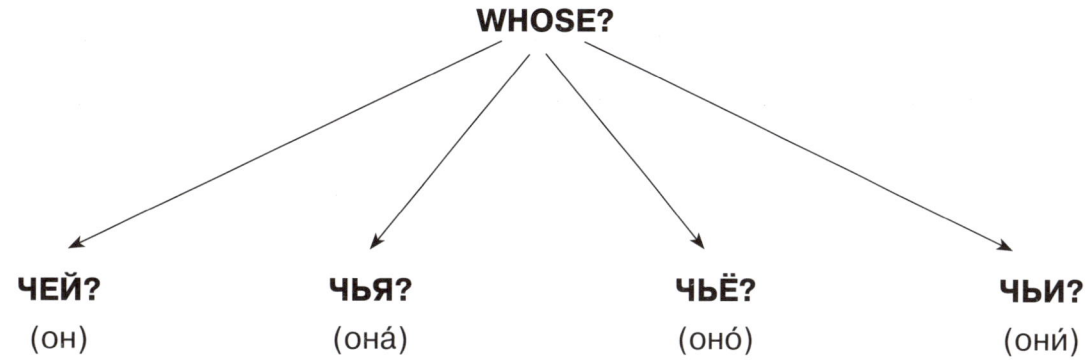

**WHOSE?**

| **ЧЕЙ?** | **ЧЬЯ?** | **ЧЬЁ?** | **ЧЬИ?** |
|----------|----------|----------|----------|
| (он) | (она́) | (оно́) | (они́) |

For example:

— **Чей** это брат?  — **Чья** это сестра́?  — **Чьё** это пальто́?  — **Чьи** это перча́тки?
— Мой.  — Моя́.  — Моё.  — Мой.

Please, look at the table and learn Russian **POSSESSIVE PRONOUNS**:

| Singular | | Plural | |
|---|---|---|---|
| I<br>**my** | я<br>**мой, моя́, моё, мой** | we<br>**our** | мы<br>**наш, на́ша, на́ше, на́ши** |
| you<br>**your** | ты<br>**твой, твоя́, твоё, твой** | you<br>**your** | вы<br>**ваш, ва́ша, ва́ше, ва́ши** |
| he<br>**his** | он<br>**его́** | they<br>**their** | они́<br>**их** |
| she<br>**her** | она́<br>**её** | | |

## 1) LET'S PLAY!

**Make your own dialogues according to the model and write them down.**

ЧЕЙ э́то велосипе́д?

Э́то МОЙ велосипе́д.

> Remember to use the correct forms of the words in your questions (**чей** — он, **чья** — она́, **чьё** — оно́) and answers (**мой** — он, **моя́** — она́, **моё** — оно́).

ФУТБО́ЛКА

НОУТБУ́К

ТЕЛЕФО́Н

КОЛЬЦО́

КРЕДИ́ТНАЯ КА́РТА

ГИТА́РА

ВЕЛОСИПЕ́Д

А: ..............................
Б: ..............................

А: ..............................
Б: ..............................

А: ..............................
Б: ..............................

А: ..............................
Б: ..............................

А: ..............................
Б: ..............................

А: ..............................
Б: ..............................

А: ..............................
Б: ..............................

## 2) LET'S PLAY!

**Make your own dialogues according to the model:**

Э́то ТВОЯ́ футбо́лка?

Нет, НЕ МОЯ́.

А ЧЬЯ?

Э́то ЕГО́ (ЕЁ) футбо́лка.

| Кто? | Чей это го́род? | | Чья это страна́? | | Чьё это окно́? | | Чьи это кни́ги? | |
|---|---|---|---|---|---|---|---|---|
| я | мой | | моя́ | | моё | | мой | |
| ты | твой | | твоя́ | | твоё | | твой | |
| мы | наш | го́род | на́ша | страна́ | на́ше | окно́ | на́ши | кни́ги |
| вы | ваш | | ва́ша | | ва́ше | | ва́ши | |
| | | | | | | | | |
| он | его́ | | его́ | | его́ | | его́ | |
| она́ | её | | её | | её | | её | |
| они́ | их | | их | | их | | их | |

Are you ready to fill in the table with the correct pronouns?

They are written for you below the table.

| Э́то **я**. | Э́то ............ дом. | Э́то ............ ма́ма. | Э́то ............ окно́. |
|---|---|---|---|
| Э́то **ты**. | Э́то ............ го́род. | Э́то ............ подру́га. | Э́то ............ окно́. |
| Э́то **он**. | Э́то ............ стол. | Э́то ............ ру́чка. | Э́то ............ письмо́. |
| Э́то **она́**. | Э́то ............ стул. | Э́то ............ су́мка. | Э́то ............ письмо́. |
| Э́то **мы**. | Э́то ............ класс. | Э́то ............ маши́на. | Э́то ............ окно́. |
| Э́то **вы**. | Э́то ............ го́род. | Э́то ............ стол. | Э́то ............ письмо́. |
| Э́то **они́**. | Э́то ........ университе́т. | Э́то ............ ла́мпа. | Э́то ............ окно́. |

*мой, твой, его́, её, наш, ваш, их*

*моя́, твоя́, его́, её, на́ша, ва́ша, их*

*моё, твоё, его́, её, на́ше, ва́ше, их*

JUST IMAGINE!

You came to Russia to study the Russian language and you live with a Russian family. The owner of the apartment shows you the place where you are going to live including YOUR furniture and other necessary things. What would she say to you? Continue and write down her explanations:

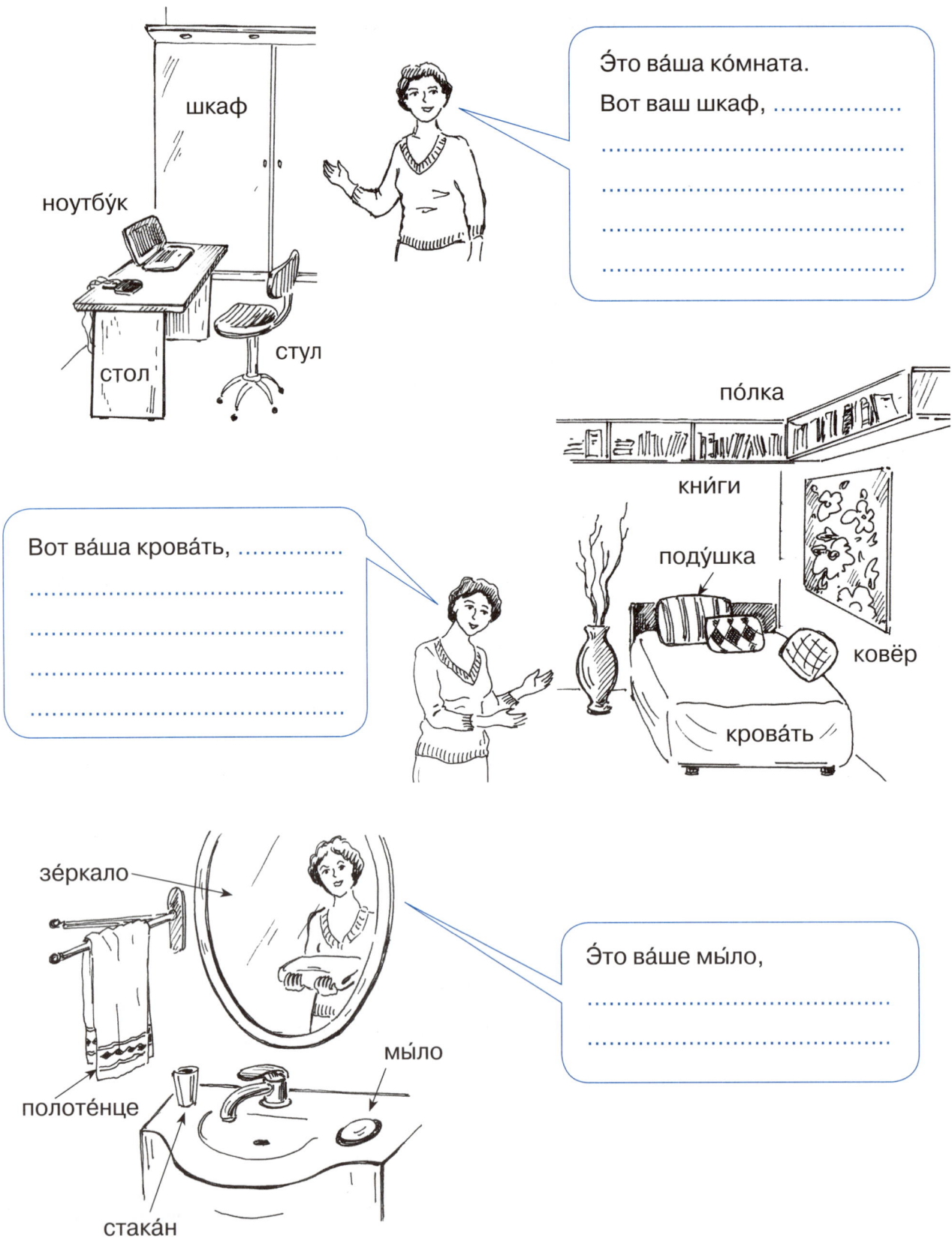

шкаф

ноутбук

стол

стул

Это ваша комната.

Вот ваш шкаф, .................

......................................

......................................

......................................

......................................

полка

книги

подушка

ковёр

кровать

Вот ваша кровать, .............

......................................

......................................

......................................

......................................

зеркало

полотенце

стакан

мыло

Это ваше мыло,

......................................

......................................

## СВÉТИТ МÉСЯЦ

Рýсская нарóдная пéсня

Свéтит мéсяц, свéтит я́сный,
Свéтит бéлая лунá.
Осветúла путь-дорóжку
Мне до мúлого дворá.

Осветúла путь-дорóжку
Мне до мúлого дворá.
Я сходúл бы к мúлой в гóсти,
Да не знáю, где живёт.

Я сходúл бы к мúлой в гóсти,
Да не знáю, где живёт.
Попросúл бы я товáрища,
Товáрищ доведёт…

https://youtu.be/VOCWhXQHbFQ

КАРАОКЕ ОТ ЖОРИКА

*Listen, learn and sing a song.*

Vasily returned from a business trip to his native city. Now he is going to catch a taxi. He will be at home in 5 minutes.

Vasily is already at home. He opened the box and pulled out a new hat.

Vasily put his hat on and thought that he looked irresistible.

Here I am again! Hello everybody! Look at me! Do you like my NEW hat? Isn't it BEAUTIFUL? Today we are going to give characteristics to things and people. These words are called adjectives. They are usually used with nouns and they answer the question: "What kind of…?" In Russian this question has 4 variants: **какой? какая? какое? какие?** Can you guess why? It depends on the gender (он, она́, оно́) and plural (они́).

*Take a close look at the table below:*

| ОН Какой? | ОНА́ Какая? | ОНО́ Какое? | ОНИ́ Какие? |
|---|---|---|---|
| *Usually hard ending:* **-ЫЙ** | *Usually hard ending:* **-АЯ** | *Usually hard ending:* **-ОЕ** | *Usually hard ending:* **-ЫЕ** |
| краси́в**ый**    beautiful | краси́в**ая** | краси́в**ое** | краси́в**ые** |
| интере́сн**ый** interesting | интере́сн**ая** | интере́сн**ое** | интере́сн**ые** |
| элега́нтн**ый** elegant | элега́нтн**ая** | элега́нтн**ое** | элега́нтн**ые** |
| мо́дн**ый**    fashionable | мо́дн**ая** | мо́дн**ое** | мо́дн**ые** |
| но́в**ый**    new | но́в**ая** | но́в**ое** | но́в**ые** |
| ста́р**ый**    old | ста́р**ая** | ста́р**ое** | ста́р**ые** |
| тёпл**ый**    warm | тёпл**ая** | тёпл**ое** | тёпл**ые** |

| | | | |
|---|---|---|---|
| краси́вый ма́льчик | краси́вая де́вочка | краси́вое де́рево | краси́вые дере́вья |
| интере́сный челове́к | интере́сная рабо́та | интере́сное сло́во | интере́сные лю́ди |
| но́вый стул | но́вая маши́на | но́вое кольцо́ | но́вые сту́лья |

## Make your own examples and write them down:

...........................................................................................................................

 Let's continue to study the table.

Seldom we use soft endings:

| ОН | ОНА́ | ОНО́ | ОНИ́ |
|---|---|---|---|
| ле́тн**ий** костю́м<br>summer suit | ле́тн**яя** оде́жда<br>summer clothes | ле́тн**ее** пальто́<br>summer coat | ле́тн**ие** ве́щи<br>summer items |
| зи́мн**ий** костю́м<br>winter suit | зи́мн**яя** оде́жда<br>winter clothes | зи́мн**ее** пальто́<br>winter coat | зи́мн**ие** ве́щи<br>winter items |
| си́н**ий** костю́м<br>blue suit | си́н**яя** руба́шка<br>blue shirt | си́н**ее** пла́тье<br>blue dress | си́н**ие** ве́щи<br>blue items |

Attention! After the letters **к**, **г**, **х** use soft endings in case № 1 (see p. 78) only. After **ч**, **ш** use soft endings in all forms:

| Он како́й?<br>**-ИЙ** | Оно́ како́е?<br>**-ЕЕ** | Они́ каки́е?<br>**-ИЕ** |
|---|---|---|
| ма́леньк**ий**<br>стро́г**ий**<br>ти́х**ий** | ма́леньк**ое**<br>стро́г**ое**<br>ти́х**ое** | ма́леньк**ие**<br>стро́г**ие**<br>ти́х**ие** |
| хоро́ш**ий**<br>горя́ч**ий** | хоро́ш**ее**<br>горя́ч**ее** | хоро́ш**ие**<br>горя́ч**ие** |

| Not often, if the ending is stressed in OH-form, we use: **-ОЙ** |
|---|
| Он как**о́й**?<br>больш**о́й**   big<br>дорог**о́й**   expensive<br>родн**о́й**   native |

### Do you know what Russian words can you use, when you speak about clothes?

| | | | | | |
|---|---|---|---|---|---|
| костю́м | suit | брю́ки | trousers | пла́тье | dress |
| пальто́ | coat | ту́фли | shoes | ю́бка | skirt |
| га́лстук | tie | шля́па | hat | руба́шка | shirt |
| жаке́т | jacket | перча́тки | gloves | | |

*Please, look at my photo and say what kind of suit, hat, coat and gloves I wear. Write down the correct endings to the adjectives:*

Ваш костю́м      нов......, красив......, модн......, хорош......, элегантн......, дорог......, итальянск...... .

Ва́ша шля́па      нов......, красив......, модн......, хорош......, элегантн......, дорог......, итальянск...... .

Ва́ше пальто́     нов......, красив......, модн......, хорош......, элегантн......, дорог......, итальянск...... .

Ва́ши перча́тки нов......, красив......, модн......, хорош......, элегантн......, дорог......, итальянск...... .

Please, look at yourself and tell your partner what kind of shirt, jacket, tie, suit, trousers you wear. Or maybe you wear a dress, a skirt, and a blouse if you are a girl? Maybe you need some more Russian words to describe colors? Learn and use them if you like. Take colored pencils and fill in the last column of the table:

| ОН | ОНА́ | ОНО́ | ОНИ́ | English |
|---|---|---|---|---|
| кра́сный | кра́сная | кра́сное | кра́сные | red |
| зелёный | зелёная | зелёное | зелёные | green |
| бе́лый | бе́лая | бе́лое | бе́лые | white |
| чёрный | чёрная | чёрное | чёрные | black |
| жёлтый | жёлтая | жёлтое | жёлтые | yellow |
| ора́нжевый | ора́нжевая | ора́нжевое | ора́нжевые | orange |
| се́рый | се́рая | се́рое | се́рые | gray |
| фиоле́товый | фиоле́товая | фиоле́товое | фиоле́товые | purple |
| кори́чневый | кори́чневая | кори́чневое | кори́чневые | brown |
| си́ний | си́няя | си́нее | си́ние | blue |

Your answer:

мой жаке́т .............................  моя́ руба́шка .............................

мой га́лстук ...........................  мой брю́ки .............................

мой костю́м...........................  мой ту́фли .............................

мой шарф .............................  моя́ блу́зка .............................

моё пла́тье ...........................  моя́ ю́бка .............................

моё пальто́...........................  мой перча́тки .............................

Dear friends! I would like to reveal a secret to you. If you want to change the meaning of an adjective to the opposite, you should put a particle «**НЕ**» (not) in the beginning of the word. For example:

красивый — некрасивый    not beautiful

мо́дный — немо́дный    not fashionable

хоро́ший — нехоро́ший    not good

дорого́й — недорого́й    not expensive

большо́й — небольшо́й    not big

 I think that the world becomes more interesting if you give different characteristics to people and things! If you like, I may give you some more pleasant words!

## КАКÓЙ это ЧЕЛОВÉК?

**26**

Кóстя

весёлый — merry
энерги́чный — active

И́горь

Дава́йте познакóмимся!

Я Кóстя. Я ма́ленький ма́льчик. Óчень энерги́чный и весёлый. Я не студéнт, а мой брат И́горь — студéнт. Мой брат óчень у́мный и óчень серьёзный. А я — несерьёзный.

у́мный — clever
серьёзный — serious

Влади́мир Петрóвич

тала́нтливый — talented
трудолюби́вый — hardworking
извéстный — famous

Познакóмьтесь! Это наш отéц — Влади́мир Петрóвич. Он трудолюби́вый и тала́нтливый музыка́нт. Наш отéц не óчень молодóй. Он извéстный музыка́нт и óчень хорóший человéк.

Степáн

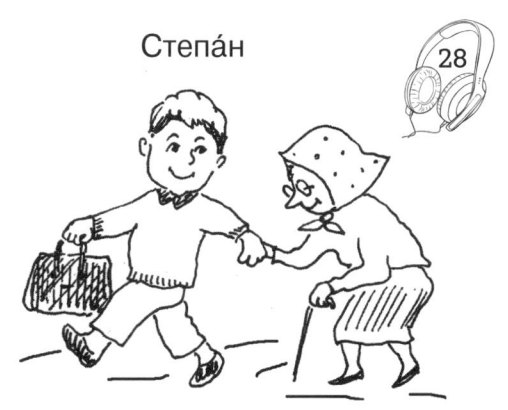

**28**

Это мой друг Степáн. Он не ма́ленький ма́льчик, как я. Он ужé шкóльник. Степáн у́мный, дóбрый и отзы́вчивый человéк. Я и Степáн — друзья́. Он тóже óчень энерги́чный и весёлый, как и я.

дóбрый — kind
отзы́вчивый — sensitive

*Василий:* Костя, скажи, какая твоя мама?

*Костя:* Моя мама очень красивая! Как и папа, она не очень молодая.

Она умная, отзывчивая и очень добрая.

Моя мама трудолюбивая и серьёзная. Она домохозяйка.

*Василий:* А вы? Какой вы человек?

Какой человек ваш друг?

Какие ваши друзья? Какие они люди?

 Write down your answer. Describe yourself and your friends:

Я ..............................................................................................................

Мой друг ......................................................................................................

Моя подруга ..................................................................................................

Мои друзья ...................................................................................................

# Кто это?

| | | | |
|---|---|---|---|
| строгий, | strict, | предприймчивый, | initiative |
| но | but | но | but |
| справедливый | fair | честный | honest |

| | | | |
|---|---|---|---|
| благородный | noble | симпатичный | attractive |
| и | and | и | and |
| интеллигентный | intelligent | общительный | sociable |

| | |
|---|---|
| скромный | modest |
| и | and |
| обаятельный | charming |

Скажи́те, кто э́то: стро́гий, но справедли́вый, предприи́мчивый, но че́стный, скро́мный и обая́тельный, симпати́чный и прекра́сный челове́к?
Э́то вы!

Everyone can be a person like that! However, in rare and extreme cases, some people may demonstrate negative qualities in their character: **не**че́стный, **не**справедли́вый, **не**скро́мный, **не**до́брый and so on.

And now I suggest you to take a mirror. Look in it and describe yourself. At first read what Anfisa is saying about herself:

Я краси́вая, элега́нтная, молода́я, весёлая, общи́тельная, до́брая, интеллиге́нтная, обая́тельная...

Please, write down a full name of a world-known person and describe him (or her):

...........................................................................................................................

...........................................................................................................................

...........................................................................................................................

...........................................................................................................................

...........................................................................................................................

...........................................................................................................................

...........................................................................................................................

...........................................................................................................................

...........................................................................................................................

Hello! Hello! Hello! Professor Vasily instructed me to teach you the **ordinal numerals**. As you remember, we have already learned **cardinal numerals** up to one hundred. But there are many, very many of them: millions and billions of cardinal and ordinal numerals. Let's not waste our time and start to learn them right now. You can see the first table from one to five. Look at the table, repeat and try to remember them! I will give you five minutes to do it:

| | How many?<br><br>(CARDINAL NUMBERS) | Which one?<br><br>(ORDINAL NUMBERS)<br>They have the same endings as adjectives depending on their gender: | | | |
|---|---|---|---|---|---|
| | СКОЛЬКО? | КАКОЙ<br>дом? | КАКАЯ<br>комната? | КАКОЕ<br>окно? | |
| one | 1 — оди́н | пе́рвый | пе́рвая | пе́рвое | first |
| two | 2 — два | второ́й | втора́я | второ́е | second |
| three | 3 — три | тре́тий | тре́тья | тре́тье | third |
| four | 4 — четы́ре | четвёртый | четвёртая | четвёртое | fourth |
| five | 5 — пять | пя́тый | пя́тая | пя́тое | fifth |

The second table is much smaller. I will give you three minutes to remember it:

| 6 — шесть | шесто́й | шеста́я | шесто́е | sixth |
|---|---|---|---|---|
| 7 — семь | седьмо́й | седьма́я | седьмо́е | seventh |
| 8 — во́семь | восьмо́й | восьма́я | восьмо́е | eighth |

The third table is the smallest. I am sure one minute will be enough for you to remember it:

| 9 — де́вять | девя́тый | девя́тая | девя́тое | ninth |
|---|---|---|---|---|
| 10 — де́сять | деся́тый | деся́тая | деся́тое | tenth |

I recommend you to learn all words from the table below at home. If you can't learn it quickly, remember the page number where you can look every time when you need to use **ordinal numerals**:

| | | | | |
|---|---|---|---|---|
| **11** — оди́ннадцать | оди́ннадцатый | оди́ннадцатая | оди́ннадцатое | eleventh |
| **12** — двена́дцать | двена́дцатый | двена́дцатая | двена́дцатое | twelfth |
| **13** — трина́дцать | трина́дцатый | трина́дцатая | трина́дцатое | thirteenth |
| **14** — четы́рнадцать | четы́рнадцатый | четы́рнадцатая | четы́рнадцатое | fourteenth |
| **15** — пятна́дцать | пятна́дцатый | пятна́дцатая | пятна́дцатое | fifteenth |
| **16** — шестна́дцать | шестна́дцатый | шестна́дцатая | шестна́дцатое | sixteenth |
| **17** — семна́дцать | семна́дцатый | семна́дцатая | семна́дцатое | seventeenth |
| **18** — восемна́дцать | восемна́дцатый | восемна́дцатая | восемна́дцатое | eighteenth |
| **19** — девятна́дцать | девятна́дцатый | девятна́дцатая | девятна́дцатое | nineteenth |
| **20** — два́дцать | двадца́тый | двадца́тая | двадца́тое | twentieth |
| **21** — два́дцать оди́н | два́дцать пе́рвый | два́дцать пе́рвая | два́дцать пе́рвое | twenty first |
| **30** — три́дцать | тридца́тый | тридца́тая | тридца́тое | thirtieth |
| **32** — три́дцать два | три́дцать второ́й | три́дцать втора́я | три́дцать второ́е | thirty second |
| **40** — со́рок | сороково́й | сорокова́я | сороково́е | fortieth |
| **43** — со́рок три | со́рок тре́тий | со́рок тре́тья | со́рок тре́тье | forty third |
| **50** — пятьдеся́т | пятидеся́тый | пятидеся́тая | пятидеся́тое | fiftieth |
| **54** — пятьдеся́т четы́ре | пятьдеся́т четвёртый | пятьдеся́т четвёртая | пятьдеся́т четвёртое | fifty-fourth |
| **60** — шестьдеся́т | шестидеся́тый | шестидеся́тая | шестидеся́тое | sixtieth |
| **65** — шестьдеся́т пять | шестьдеся́т пя́тый | шестьдеся́т пя́тая | шестьдеся́т пя́тое | sixty-fifth |
| **70** — се́мьдесят | семидеся́тый | семидеся́тая | семидеся́тое | seventieth |
| **76** — се́мьдесят шесть | се́мьдесят шесто́й | се́мьдесят шеста́я | се́мьдесят шесто́е | seventy-six |
| **80** — во́семьдесят | восьмидеся́тый | восьмидеся́тая | восьмидеся́тое | eightieth |
| **87** — во́семьдесят семь | во́семьдесят седьмо́й | во́семьдесят седьма́я | во́семьдесят седьмо́е | eighty-seventh |
| **90** — девяно́сто | девяно́стый | девяно́стая | девяно́стое | ninetieth |
| **98** — девяно́сто во́семь | девяно́сто восьмо́й | девяно́сто восьма́я | девяно́сто восьмо́е | ninety-eighth |
| **100** — сто | со́тый | со́тая | со́тое | hundredth |
| **101** — сто оди́н | сто пе́рвый | сто пе́рвая | сто пе́рвое | one hundred and first |

Ladies and gentlemen, good afternoon!
Imagine that you are walking around a city with me. We see a beautiful, modern high building. There is a business center inside. On the ground floor, you can find a list of all companies and their location in the building. Let's read it together, starting from the ground floor:

| | | |
|---|---|---|
| Деся́тый эта́ж | — о́фисы | offices |
| Девя́тый эта́ж | — кафе́ «До́брое у́тро» | café "Good morning" |
| Восьмо́й эта́ж | — фи́тнес-центр | fitness center |
| Седьмо́й эта́ж | — конфере́нц-зал | a conference hall |
| Шесто́й эта́ж | — авиакомпа́ния «Аэрофло́т» | airline "Aeroflot" |
| Пя́тый эта́ж | — масса́жный кабине́т, | a massage room, |
| | стоматологи́ческая кли́ника | a dental clinic |
| Четвёртый эта́ж | — ремо́нт электро́нной те́хники | repairing of electronic equipment |
| Тре́тий эта́ж | — юриди́ческая консульта́ция | a legal aid bureau |
| Второ́й эта́ж | — сало́н красоты́ | a beauty saloon |
| Пе́рвый эта́ж | — «Сберба́нк Росси́и», рестора́н | "Sberbank of Russia", |
| | «Ру́сская ку́хня», банкома́ты, | restaurant "Russian cuisine", |
| | пункт обме́на валю́ты | ATMs, currency exchange |

 Dear friends! It's time to learn numbers from 100 to 1000. Read them and try to remember:

| 100 | 200 | 300 | 400 | 500 | 600 | 700 | 800 | 900 | 1000 |
|---|---|---|---|---|---|---|---|---|---|
| сто | две́сти | три́ста | четы́реста | пятьсо́т | шестьсо́т | семьсо́т | восемьсо́т | девятьсо́т | ты́сяча |

 There are offices of various companies on the tenth floor. We are not allowed to look inside. We can just count them:

1 — пе́рвая ко́мната, 2 — втора́я ко́мната, 3 — тре́тья ко́мната, 4 — четвёртая ко́мната, 5 — ..., 6 — ..., 7 — ..., 8 — ..., 9 — ..., 10 — ..., 14 — ..., 25 — ..., 36 — ..., 47 — ..., 59 — ..., 121 — ..., 254 — ..., 576 — ..., 798 — ..., 321 — ..., 415 — ..., 652 — ..., 869 — ..., 911 — ...

And now let's count the windows in these rooms:

1 — пе́рвое окно́, 2 — второ́е окно́, 3 — тре́тье окно́, 4 — четвёртое окно́, 5 — ..., 6 — ..., 7 — ..., 8 — ..., 9 — ..., 10 — ..., 12 — ..., 27 — ..., 49 — ..., 51 — ..., 92 — ..., 134 — ..., 355 — ..., 688 — ..., 899 — ..., 241 — ..., 474 — ..., 555 — ..., 716 — ..., 987 — ...

 Ladies and gentlemen! My congratulations! Now we know the ordinal numerals well. We also know, that on the 9th floor of the business center there is a cafe "Good morning". Let's look in the menu of this cafe:

## Кафе́ «ДО́БРОЕ У́ТРО»

### МЕНЮ́

| *Заку́ски:* | *Starters:* |
|---|---|
| сала́т «Оливье́» | Olivier salad |
| сала́т «Здоро́вье» | Health salad |
| зелёный сала́т | green salad |
| *Пе́рвые блю́да:* | *Soups:* |
| бо́рщ | borscht |
| суп-лапша́ | noodle soup |
| щи | cabbage soup |
| *Вторы́е блю́да:* | *Main courses:* |
| стейк | steak |
| ры́ба | fish |
| *Десе́рт:* | *Dessert:* |
| торт | cake |
| пиро́жное | small cake / French pastry |
| моро́женое | ice cream |
| *Напи́тки:* | *Beverages:* |
| сок | juice |
| ко́фе | coffee |
| чай | tea |
| минера́льная вода́ | mineral water |

Я хочу́ есть!
Я о́чень хочу́ есть!
Я хочу́ пить!

I want to eat!
I want to eat a lot!
I want to drink!

Я не хочу́ есть!
Я не хочу́ пить!
Я не хочу́ спать!

I don't want to eat!
I don't want to drink!
I don't want to sleep!

Что ты хо́чешь?
Что вы хоти́те?
What do you want?

 And now let's learn some more adjectives, which will help you, if you want to speak with a waiter about your food:

**КАКОЙ**
это
суп?
борщ?

1. Горячий
2. Вкусный
3. Дома́шний

**КАКАЯ**
это
ры́ба?

1. Горя́чая
2. Вкусная
3. Жа́реная

**КАКОЕ**
это
моро́женое?

1. Холо́дное
2. Сла́дкое
3. Вку́сное
4. Шокола́дное

**КАКИЕ**
это
я́йца?

1. Жа́реные
2. Вку́сные
3. Аппети́тные

**Write down the correct endings to the adjectives below:**

Како́й это кекс?

-ый, -ий

1. Вку́сн.....
2. Сла́дк.....
3. Дома́шн.....

Кака́я э́то ка́ша?

-ая, -яя

1. Горя́ч.....
2. Холо́дн.....
3. Ри́сов.....
4. Гре́чнев.....
5. Овся́н.....
6. Вку́сн.....

**Write down the correct endings to the adjectives, add your own words, describing the cake:**

Как..... это огуре́ц?

-ый, -ий

1. Солён.....
2. Вку́сн.....
3. Дома́шн.....

Как..... это пиро́жное?

-ое, -ее

1. ................................
2. ................................
3. ................................

 Read the dialogue on page 59 and underline adjectives.

| | | | |  |
|---|---|---|---|---|
| *Официа́нт:* | Что вы хоти́те? | *Waiter:* | What would you like? | |
| *Клие́нт:* | Мне сала́т «Оливье́». | *Client:* | I'd like a Olivier salade. | |
| *Официа́нт:* | Прекра́сный вы́бор! | *Waiter:* | Excellent choice! | |
| | Э́тот сала́т о́чень вку́сный. | | This salad is very tasty. | |
| | Вы хоти́те пе́рвое блю́до? | | Do you want any soup? | |
| *Клие́нт:* | Нет, спаси́бо, не хочу́. | *Client:* | No, thank you, I don't. | |
| *Официа́нт:* | Вы хоти́те второ́е блю́до? | *Waiter:* | Do you want the main course? | |
| *Клие́нт:* | Так. Стейк и́ли ры́ба? | *Client:* | Well. Steak or fish? | |
| | Ры́ба. Э́та ры́ба вку́сная? | | Fish. Is this fish tasty? | |
| *Официа́нт:* | Да, как дома́шняя. | *Waiter:* | Yes, it tastes like home-made one. | |
| *Клие́нт:* | Хорошо́. | *Client:* | Good. | |
| *Официа́нт:* | А десе́рт? | *Waiter:* | And what about dessert? | |
| *Клие́нт:* | Э́то пиро́жное све́жее? | *Client:* | Is this cake fresh? | |
| *Официа́нт:* | У нас все пиро́жные све́жие. | *Waiter:* | All the cakes are fresh here. | |
| | Каки́е вы хоти́те? | | Which of them do you want? | |
| *Клие́нт:* | Пожа́луйста, вот э́ти. Два. | *Client:* | Please, these two cakes. | |
| *Официа́нт:* | Пожа́луйста! | *Waiter:* | Here you are! | |

 Dear friends! If you see several things and you want to choose one of them, you will need the following Russian words: **э́тот**, **э́та**, **э́то**. Point to a chosen thing with your finger and say: э́тот суп, э́та ры́ба, э́то мя́со.

If you choose two or more things, you need a word: **э́ти**. For example: э́ти бана́ны.

— Что э́то?

— Э́то сала́т.

— А э́то?

— Э́то то́же сала́т.

— Како́й сала́т вку́сный?

— **Э́тот**.

— Что э́то?

— Э́то ры́ба.

— А э́то?

— Э́то то́же ры́ба.

— Кака́я ры́ба вку́сная?

— **Э́та**.

— Что э́то?

— Э́то моро́женое.

— А э́то?

— Э́то то́же моро́женое.

— Како́е моро́женое шокола́дное?

— **Э́то**.

— Что э́то?

— Э́то фру́кты.

— А э́то?

— Э́то то́же фру́кты.

— Каки́е фру́кты све́жие?

— **Э́ти**.

## CAT'S TIP № 10.    Verbs of the 1st group
## ПОДСКАЗКА № 10.  Глаголы 1-ой группы

Ladies and gentlemen! Good morning! Scientists say that life is motion. We are always busy doing something. So we need verbs to express our actions. This time we will speak about everyday actions in PRESENT TENSE. Here you can see the table with the verbs of the 1st group. They have the letter «**Е**»: зна́**е**шь, зна́**е**т. We call this group "**Е**-group".

| Pron. | РАБО́ТА**ТЬ** (to work) | ОТДЫХА́**ТЬ** (to rest) | ДЕ́ЛА**ТЬ** (to do) | ЗНА**ТЬ** (to know) |
|---|---|---|---|---|
| **я** | рабо́та**ю** | отдыха́**ю** | де́ла**ю** | зна́**ю** |
| **ты** | рабо́та**ешь** | отдыха́**ешь** | де́ла**ешь** | зна́**ешь** |
| **он** | рабо́та**ет** | отдыха́**ет** | де́ла**ет** | зна́**ет** |
| **она́** | рабо́та**ет** | отдыха́**ет** | де́ла**ет** | зна́**ет** |
| **мы** | рабо́та**ем** | отдыха́**ем** | де́ла**ем** | зна́**ем** |
| **вы** | рабо́та**ете** | отдыха́**ете** | де́ла**ете** | зна́**ете** |
| **они́** | рабо́та**ют** | отдыха́**ют** | де́ла**ют** | зна́**ют** |
| **Imperative** | Рабо́тай! Рабо́тайте! | Отдыха́й! Отдыха́йте! | Де́лай! Де́лайте! | Знай! Зна́йте! |

You have already made a conclusion that the verbs have different endings. It depends on the person: я, ты, он, она́, мы, вы, они́. And you have noticed that the infinitives have the ending: **-ТЬ**. If you like to remember the endings better, I recommend you to conjugate some other verbs:

| ЧИТА́ТЬ (to read) | СЛУ́ШАТЬ (to listen) | ИЗУЧА́ТЬ (to study) | ПОВТОРЯ́ТЬ (to repeat) |
|---|---|---|---|
| я чита́ю | я .................. | я .................. | я .................. |
| ты .................. | ты .................. | ты .................. | ты .................. |
| он .................. | он .................. | он .................. | он .................. |
| она́ .................. | она́ .................. | она́ .................. | она́ .................. |
| мы .................. | мы .................. | мы .................. | мы .................. |
| вы .................. | вы .................. | вы .................. | вы .................. |
| они́ .................. | они́ .................. | они́ .................. | они́ .................. |

As for me, I like to play. I like to repeat this verb in Russian: игра́ть, игра́ть, игра́ть! Я игра́ю, ты игра́ешь, он игра́ет, она́ игра́ет, мы игра́ем, вы игра́ете, они́ игра́ют!

However, remember!

When you speak about sports, you must say: **игра́ть в...**

Бори́с игра́ет
в футбо́л.

Ми́ша игра́ет
в баскетбо́л.

Лю́да игра́ет
в бадминто́н.

When we play computer games, we must say: **игра́ть в** компью́терные и́гры.

Са́ша игра́ет в компью́терные и́гры.

If we speak about musical instruments, you should say: **игра́ть на...**

Анто́н игра́ет
на саксофо́не.

Макси́м игра́ет
на балала́йке.

Ка́тя игра́ет
на пиани́но.

Ladies and gentlemen!
Now we will try to remember the verb "can" — «уме́ть».

| | |
|---|---|
| я уме́ю | мы уме́ем |
| ты уме́ешь | вы уме́ете |
| он уме́ет | они́ уме́ют |
| она́ уме́ет | |

So, it's time for speaking! I will ask a question and you will answer!

*Zhorik:*                Ты уме́ешь игра́ть в футбо́л?

*Your answer (ваш отве́т):* а) Да, я уме́ю игра́ть в футбо́л.

                               *or*

                               б) Нет, я не уме́ю игра́ть в футбо́л.

*Zhorik:*                Ты уме́ешь игра́ть в те́ннис?

*Your answer:*     ...................................................

**Please, write down your dialogues and after that read them with your partner:**

| |
|---|
| гольф — баскетбо́л — ре́гби<br>волейбо́л — хоккей — бадминто́н |

А: ......................................      А: ......................................
Б: ......................................      Б: ......................................
А: ......................................      А: ......................................
Б: ......................................      Б: ......................................

| |
|---|
| скри́пка — гита́ра — а́рфа<br>кларне́т — фле́йта — пиани́но |

А: ......................................      А: ......................................
Б: ......................................      Б: ......................................
А: ......................................      А: ......................................
Б: ......................................      Б: ......................................

## Я ЗА ТÓ ЛЮБЛЮ́ ИВÁНА

Рýсская нарóдная пéсня

Ой, ты? Пóрушка-Парáня, ты за чтó лю́бишь Ивáна? —
Эх, и я за тó люблю́ Ивáна, что голóвушка кудря́ва.

Я за тó люблю́ Ивáна, что голóвушка кудря́ва,
Эх, и что голóвушка кудря́ва, а борóдушка кучеря́ва.

Что голóвушка кудря́ва, а борóдушка кучеря́ва,
Кýдри вьются до лицá, люблю́ Вáню-молодцá…

https://www.youtube.com/watch?v=NN2Ecm42AvA

КАРАОКЕ ОТ ЖОРИКА

*Listen, learn and sing a song.*

# CAT'S TIP № 11.    Verbs of the 2nd group
# ПОДСКАЗКА № 11.  Глаголы 2-ой группы

Let's continue our work with verbs. Today we study the verbs of the second group. Please, look at the table below and learn the endings. You can see the letter «**И**» here: Он говор**и**т, она́ говор**и**т. That is why we call this group of verbs "**И**-group".

| Pron. | ГОВОРИ́ТЬ (to speak) | ЛЮБИ́ТЬ (to love) | СМОТРЕ́ТЬ (to look / to watch) |
|---|---|---|---|
| **я** | говорю́ | люблю́ | смотрю́ |
| **ты** | говори́шь | лю́бишь | смо́тришь |
| **он** | говори́т | лю́бит | смо́трит |
| **она** | говори́т | лю́бит | смо́трит |
| **мы** | говори́м | лю́бим | смо́трим |
| **вы** | говори́те | лю́бите | смо́трите |
| **они** | говоря́т | лю́бят | смо́трят |
| **Imperative** | Говори́! Говори́те! | Люби́! Люби́те! | Смотри́! Смотри́те! |

You have noticed that the verbs of the 2nd group have the ending **-ИТ** in the 3rd person singular and the ending **-ЯТ** in the 3rd person plural. If you want to remember the endings better, I recommend you to conjugate some other verbs. Pay attention to the accent!

| ГОТО́ВИТЬ (to cook) | | ЛОВИ́ТЬ (to catch) | | СТРО́ИТЬ (to build) | | ХОДИ́ТЬ (to go) | |
|---|---|---|---|---|---|---|---|
| я | гото́влю | я | ловлю́ | я | стро́ю | я | хожу́ |
| ты | гото́вишь | ты | ло́вишь | ты | стро́ишь | ты | хо́дишь |
| он | .................. | он | .................. | он | .................. | он | .................. |
| она | .................. | она | .................. | она | .................. | она | .................. |
| мы | .................. | мы | .................. | мы | .................. | мы | .................. |
| вы | .................. | вы | .................. | вы | .................. | вы | .................. |
| они | .................. | они | .................. | они | .................. | они | .................. |

So, you already know the correct endings of Russian verbs in the Present Tense.
Write them down, please!

Группа 1 (Е)

я отдыха.......

вы отдыха........

ты отдыха........

они отдыха........

он отдыха.......

мы отдыха........

Группа 2 (И)

я говор........

он говор........

вы говор........

мы говор........

они говор........

ты говор........

говори́ть по телефо́ну, говори́ть по ска́йпу, говори́ть по ва́йберу,
говори́ть по ватса́пу, телегра́му

Я люблю́ мою́ подру́гу Све́ту. Ка́ждый день мы говори́м по ска́йпу и́ли по ватса́пу.
Све́та о́чень лю́бит смотре́ть мультфи́льмы и сериа́лы.

*Мари́на:* Приве́т, Све́та!

*Све́та:* Приве́т, Мари́на!

*Мари́на:* Как твои́ дела́?

*Све́та:* Норма́льно. А твои́?

*Мари́на:* Хорошо́!

*Све́та:* Что ты де́лаешь?

*Мари́на:* Я отдыха́ю до́ма. А ты?

*Све́та:* Я смотрю́ мультфи́льм онла́йн.

*Мари́на:* Э́то ру́сский му́льтик?

*Све́та:* Нет, э́то япо́нский му́льтик.

*Мари́на:* Ну, пока́, до свя́зи!

### ВЫ ЛЮ́БИТЕ ЧИТА́ТЬ?

*А:* Ты лю́бишь чита́ть кни́ги?

*Б:* Нет, не о́чень люблю́. А ты?

*А:* А я о́чень люблю́ чита́ть.

*Б:* Каки́е кни́ги ты лю́бишь чита́ть?

*А:* Я люблю́ стихи́ и рома́ны.

*Б:* А я иногда́ чита́ю ко́миксы.

| | |
|---|---|
| *Турист:* | Извини́те! |
| *Москви́чка:* | Да, я вас слу́шаю! |
| *Турист:* | Я тури́ст. Я испа́нец. |
| *Москви́чка:* | Извини́те, я не говорю́ по-испа́нски. |
| *Турист:* | Я пло́хо говорю́ по-ру́сски... |
| *Москви́чка:* | Э́то не проблема. Я вас понима́ю. Дава́йте говори́ть по-ру́сски! Что вы хоти́те? |
| *Турист:* | Где... ста́нция метро́? |
| *Москви́чка:* | Э́то недалеко́, вон там. Больша́я бу́ква «М» — э́то метро́. |
| *Турист:* | Спаси́бо! Как я рад! Я говорю́ по-ру́сски! |

## ХО́ББИ

смотре́ть балéт
фи́льмы
телеви́зор

гото́вить обе́д
у́жин
борщ

игра́ть в футбо́л
в баскетбо́л
в го́льф

вяза́ть

води́ть маши́ну

лови́ть ры́бу

петь под караоке

игра́ть на пиани́но

де́лать поку́пки

ходи́ть пешко́м

игра́ть в компью́терные и́гры

танцева́ть

путеше́ствовать

пла́вать

пла́вать с аквала́нгом

 What is your hobby? Write down what you like to do?

А: Како́е у тебя́ хо́бби? Что ты лю́бишь де́лать?

А: ..................................................
..................................................

Б: Моё хо́бби — петь под караоке. А твоё?

Б: ..................................................

А: Моё хо́бби — тури́зм. Я люблю́ путеше́ствовать.

А: ..................................................
..................................................

А: Что ты лю́бишь де́лать в свобо́дное вре́мя?

А: ..................................................
..................................................

Б: Я люблю́ смотре́ть телеви́зор, чита́ть кни́ги, де́лать поку́пки. А ты?

Б: ..................................................
..................................................

А: В свобо́дное вре́мя я люблю́ игра́ть в компью́терные и́гры, ходи́ть пешко́м и пла́вать.

А: ..................................................
..................................................

# ФУТБОЛ И БАЛЕТ

Алексей любит смотреть телевизор. Он очень любит смотреть классические балеты, мультфильмы, спортивные программы. Алексей — спортсмен. Он футболист. Сегодня он отдыхает и сейчас смотрит классический балет «Жизель». Алексей говорит: «Первоклассный футболист — это прекрасное здоровье и сильные ноги. Балерина — это тоже здоровье, сильные ноги плюс пластика и мимика».

***Read the questions and give your short answers. Write them down, please:***

1. **Кто** любит смотреть телевизор? ......................................................
2. **Что** любит делать Алексей? ..........................................................
3. **Какие** балеты любит смотреть Алексей? .........................................
4. **Что** ещё любит смотреть Алексей? ................................................
5. Алексей спортсмен? .....................................................................
6. Он хоккеист? ...............................................................................
7. Сегодня Алексей играет в футбол? .................................................
8. **Когда** он отдыхает? ..................................................................
9. **Какой** балет Алексей смотрит сейчас? ..........................................
10. Алексей говорит: «Первоклассный футболист — это красивое лицо и весёлый характер». Это так? ...................................................
11. Алексей говорит: «Балерина — это красивые синие глаза и длинные руки». Это так?

........................................................................................................

As you see, Zhorik is joking. Try to remember any five questions, which you like and ask your partner. It will be better if you do it without looking at the text. Read the text on page 75 «Моё хобби — водить машину».

# МОЁ ХÓББИ — ВОДИ́ТЬ МАШИ́НУ

Меня́ зову́т Генна́дий. Я о́чень люблю́ води́ть маши́ну. Э́то моя́ но́вая маши́на. Си́льный мото́р, прекра́сный диза́йн, есть поду́шки безопа́сности, кондиционе́р, комфорта́бельные кре́сла, навига́тор, ра́дио, пле́ер.

**Read the questions and write down the answers:**

1. **Как** его́ зову́т? ...................................................................

2. **Что** Генна́дий лю́бит де́лать? ...................................................................

3. **Чья** э́та но́вая маши́на? Э́то ва́ша маши́на и́ли его́? ...................................................................

4. **Како́й** мото́р у маши́ны? ...................................................................

5. **Каки́е** кре́сла у маши́ны? ...................................................................

6. **Что** ещё есть в маши́не? ...................................................................

Э́то моя́ жена́ Га́ля. Она́ совсе́м не лю́бит води́ть маши́ну. Га́ля лю́бит шо́пинг. Она́ не рабо́тает. Её хо́бби — гото́вить. Моя́ жена́ прекра́сно гото́вит борщ, пельме́ни, бефстро́ганов, спаге́тти, то́рты, фрукто́вые коктéйли, витами́нные сала́ты и мно́гие други́е блю́да. Мои́ друзья́ говоря́т: «Твоя́ жена́ — зо́лото!» А я говорю́: «Нет, моя́ жена́ не зо́лото, а бриллиа́нт!» Ка́ждый день я говорю́: «Я счастли́вый челове́к!»

**Read the questions and write down the answers:**

1. **Как** зову́т его́ жену́? ...................................................................

2. **Что** лю́бит Га́ля? ...................................................................

3. **Како́е** её хо́бби? ...................................................................

4. **Каки́е** блю́да Га́ля прекра́сно гото́вит? ...................................................................

5. **Что** говоря́т друзья́? ...................................................................

6. **Что** говори́т Генна́дий? ...................................................................

7. **Когда́** Генна́дий говори́т: «Я счастли́вый челове́к!»? ...................................................................

8. **Что** говори́т Генна́дий ка́ждый день? ...................................................................

9. **Како́й** челове́к Генна́дий? ...................................................................

 Dear friends! Let's have a chat! Listen carefully to my questions and answer them, please!

1. Как вас зову́т?

2. Вы лю́бите води́ть маши́ну?

3. Вы лю́бите шо́пинг?

4. Вы уме́ете гото́вить?

5. Что вы уме́ете гото́вить?

6. Вы лю́бите гото́вить?

7. Каки́е блю́да вы о́чень лю́бите гото́вить?

8. Каки́е блю́да вы совсе́м не лю́бите гото́вить?

9. Вы лю́бите фрукто́вые кокте́йли и витами́нные сала́ты?

10. Вы счастли́вый челове́к?

 Благодарю́ вас за прия́тную бесе́ду. Сейча́с запиши́те, пожа́луйста, ваши интере́сные отве́ты.

1. Меня́ ...............................................................................................................

2. ........................................................................................................................

3. ........................................................................................................................

4. ........................................................................................................................

5. ........................................................................................................................

6. ........................................................................................................................

7. ........................................................................................................................

8. ........................................................................................................................

9. ........................................................................................................................

10. ......................................................................................................................

 Ladies and gentlemen! Congratulations!

You can read texts and answer the questions.

You have already answered my assistant Zhorik's 10 questions. Sometimes Zhorik will help you to translate phrases into English, however, from this moment I recommend you to find all the unfamiliar words in a dictionary yourself.

## КАК ХОТЕЛА МЕНЯ́ МАТЬ ДА ЗА ПЕ́РВОГО ОТДА́ТЬ
### Ру́сская наро́дная пе́сня

Как хоте́ла меня́ мать да за пе́рвого отда́ть!
А тот пе́рвый — он да неве́рный, ой не отда́й меня́, мать!
А тот пе́рвый — он да неве́рный, ой не отда́й меня́, мать!

Как хоте́ла ж меня́ мать да за дру́гого отда́ть!
А тот дру́гий — хо́дит до подру́ги, ой не отда́й меня́, мать!
А тот дру́гий — хо́дит до подру́ги, ой не отда́й меня́, мать!

Как хоте́ла меня́ мать да за тре́тьего отда́ть!
А тот тре́тий — что в по́ле ве́тер, ой не отда́й меня́, мать!

Как хоте́ла меня́ мать за четвёртого отда́ть!
А четвёртый — ни живо́й, ни мёртвый, ой не отда́й меня́, мать!
А четвёртый — ни живо́й, ни мёртвый, ой не отда́й меня́, мать!

Как хоте́ла меня́ мать да за пя́того отда́ть!
А тот пя́тый — пья́ница прокля́тый, ой не отда́й меня́, мать!

Как хоте́ла меня́ мать да за шёстого отда́ть!
А тот шёстый — мал да недоро́слый, ой не отда́й меня́, мать!
А тот шёстый — мал да недоро́слый, ой не отда́й меня́, мать!

Как хоте́ла меня́ мать да за сёмого отда́ть!
А тот сёмый — приго́жий да весёлый, он не схоте́л меня́ брать!
А тот сёмый — приго́жий да весёлый, он не схоте́л меня́ брать!

КАРАОКЕ ОТ ЖОРИКА

https://youtu.be/-R0zPLXyRWo

*Listen, learn and sing a song.*

Ladies and gentlemen! Good morning! I am an assistant of Professor Vasily.
I met you in the CAT'S TIP № 4. I will help you get to know the cases and even love them.

Welcome to the show
"Hello, cases and case endings!"

There are 6 different forms of Russian nouns. In English they are called "cases", in Russian — «падежи». Cases play an important role: they show functions of words in a sentence. The endings of the cases depend on the gender. There are a lot of interrogative words in my hat, however, I pulled out of it only those which will help us to juggle at our show in the nearest future.

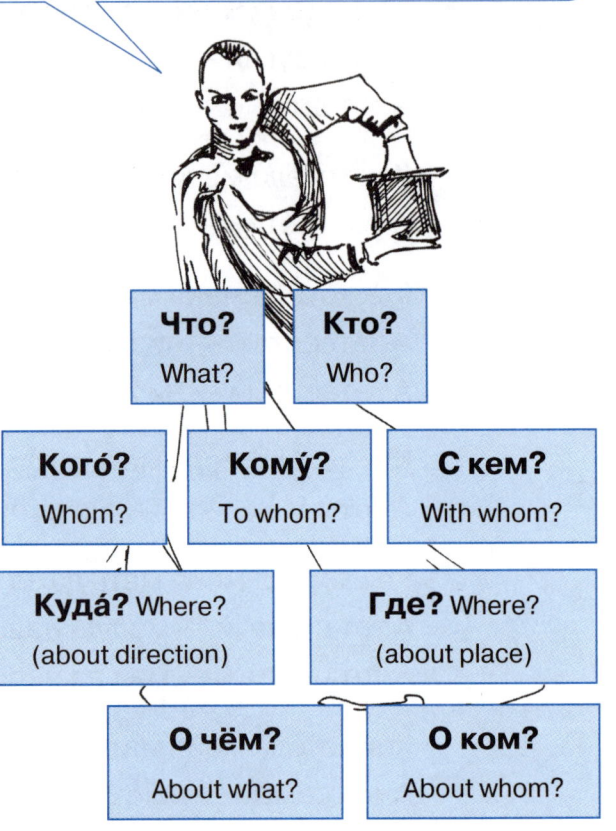

| Что? What? | Кто? Who? |
| Кого? Whom? | Кому? To whom? | С кем? With whom? |
| Куда? Where? (about direction) | Где? Where? (about place) |
| О чём? About what? | О ком? About whom? |

The first case you have learned already when we were speaking about the questions:

**Что э́то?** Э́то рестора́н. Э́то маши́на. Э́то я́блоко.

**Кто э́то?** Э́то ма́льчик. Э́то де́вочка. Э́то официа́нты.

**Кто рабо́тает?** Официа́нт рабо́тает.

**Кто отдыха́ет?** Тури́сты отдыха́ют.

*So, it's easy for you to remember that case № 1 has such endings for nouns as:*

| Pron. | Endings of nouns | Examples |
|---|---|---|
| ОН | **consonant** | Э́то бан**к**. Вот до**м**. Магази́**н** рабо́тает. Анто́**н** живёт тут. |
| ОНА | **-а/-я** | Э́то апте́к**а**. Вот поликли́ник**а**. Ка́т**я** отдыха́ет. А́н**я** до́ма. |
| ОНО | **-о/-е** | Вот кака́**о**. Где кольц**о́**? Э́то моро́жено**е**. Там зда́ни**е**. |
| ОНИ | **-ы/-и** | Студе́нт**ы** рабо́тают. Подру́г**и** говоря́т по-англи́йски. |

78

**If you would like to use adjectives with nouns in the case № 1, remember the endings:**

| Pron. | Endings of nouns | Examples |
|---|---|---|
| ОН | **-ый/-ий** | Это но́в**ый** дом. Это ру́сск**ий** рестора́н. |
| ОНА | **-ая/-яя** | Краси́в**ая** де́вушка чита́ет журна́л. Это си́н**яя** ру́чка. |
| ОНО | **-ое/-ее** | Это но́в**ое** кре́сло. Там си́н**ее** мо́ре. |
| ОНИ | **-ые/-ие** | Вот но́в**ые** кни́ги. Здра́вствуйте, дорог**и́е** друзья́! |

**Look at the model and try to finish the phrase with the words given below:**

парк — у́лица, ма́льчик — де́вочка, кни́га — журна́л, дом — общежи́тие, го́род — страна́, теа́тр — кинотеа́тры, каранда́ш — ру́чки, ша́пка — пальто́

*Моде́ль:* Это краси́вый парк, а это *краси́вая у́лица.*

Это ма́ленький ма́льчик, а это ..............................................................

Это но́вая кни́га, а это ..............................................................

Это ста́рый дом, а это ..............................................................

Это прекра́сный го́род, а это ..............................................................

Это большо́й теа́тр, а это ..............................................................

Это кра́сный каранда́ш, а это ..............................................................

Это тёплая ша́пка, а это ..............................................................

**Read the text and underline all the nouns in the case № 1:**

Познако́мьтесь, это Фёдор. Он о́чень хоро́ший по́вар. Это рестора́н «Старт». Фёдор здесь рабо́тает. Он весёлый и общи́тельный челове́к.

**Write down the answers to the questions:**

1. Кто э́то? ..............................................................

2. Кто хоро́ший по́вар? ..............................................................

3. Како́й Фёдор по́вар? ..............................................................

4. Что э́то? ..............................................................

5. Како́й челове́к Фёдор? ..............................................................

 Ladies and gentlemen! It's time to study the case № 4. Look at the tables and notice the difference between two cases.

| Pron. | Что э́то?<br>Subject<br>(Case № 1) | Что вы чита́ете?<br>Object<br>(Case № 4) | Notice! |
|---|---|---|---|
| ОН | Э́то журна́л. | Я чита́ю журна́л. | No difference |
| ОНО | Э́то письмо́. | Я чита́ю письмо́. | No difference |
| ОНА | Э́то кни́га.<br>Э́то статья́. | Я чита́ю кни́гу.<br>Я чита́ю статью́. | Ending:<br>-у/-ю |
| ОНИ | Э́то газе́ты. | Я чита́ю газе́ты. | No difference |

Did you notice that you see the question «**Что?**» in the case № 1 and in the case № 4 as well? It's a tricky question! Now we will practice to find out: what is the difference between these two cases with the same question «**Что?**». Everything is very simple. The simplest exercise is to open the book at page 33 and answer the question: «Что здесь есть?» (What is there?).

Здесь есть сок, мёд, бу́лочка, пиро́жное, ма́сло, пече́нье, колбаса́, круасса́ны.

**And now look at these things and answer the questions:**

Что вы лю́бите? What do you like?

Что вы ви́дите? What do you see?

Я люблю́ сок, пече́нье, колбасу́…

Я ви́жу мёд, ма́сло, бу́лочку…

............................................................

............................................................

............................................................

............................................................

............................................................

............................................................

**Что?**
Case № 4

Что вы лю́бите?

Что вы ви́дите?

Что вы хоти́те есть?

Что вы хоти́те пить?

Что вы хоти́те купи́ть?

One more exercise. Tourists travel in order to see something new, to make interesting pictures, to try new food and drinks, to buy souvenirs for their families and friends. All of these actions correspond with the following verbs: ви́деть, фотографи́ровать, есть, пить, купи́ть. Heads up, everybody! This is a "Russian souvenirs" kiosk. What is there? Answer my question in written form.

КИО́СК «РУ́ССКИЕ СУВЕНИ́РЫ»

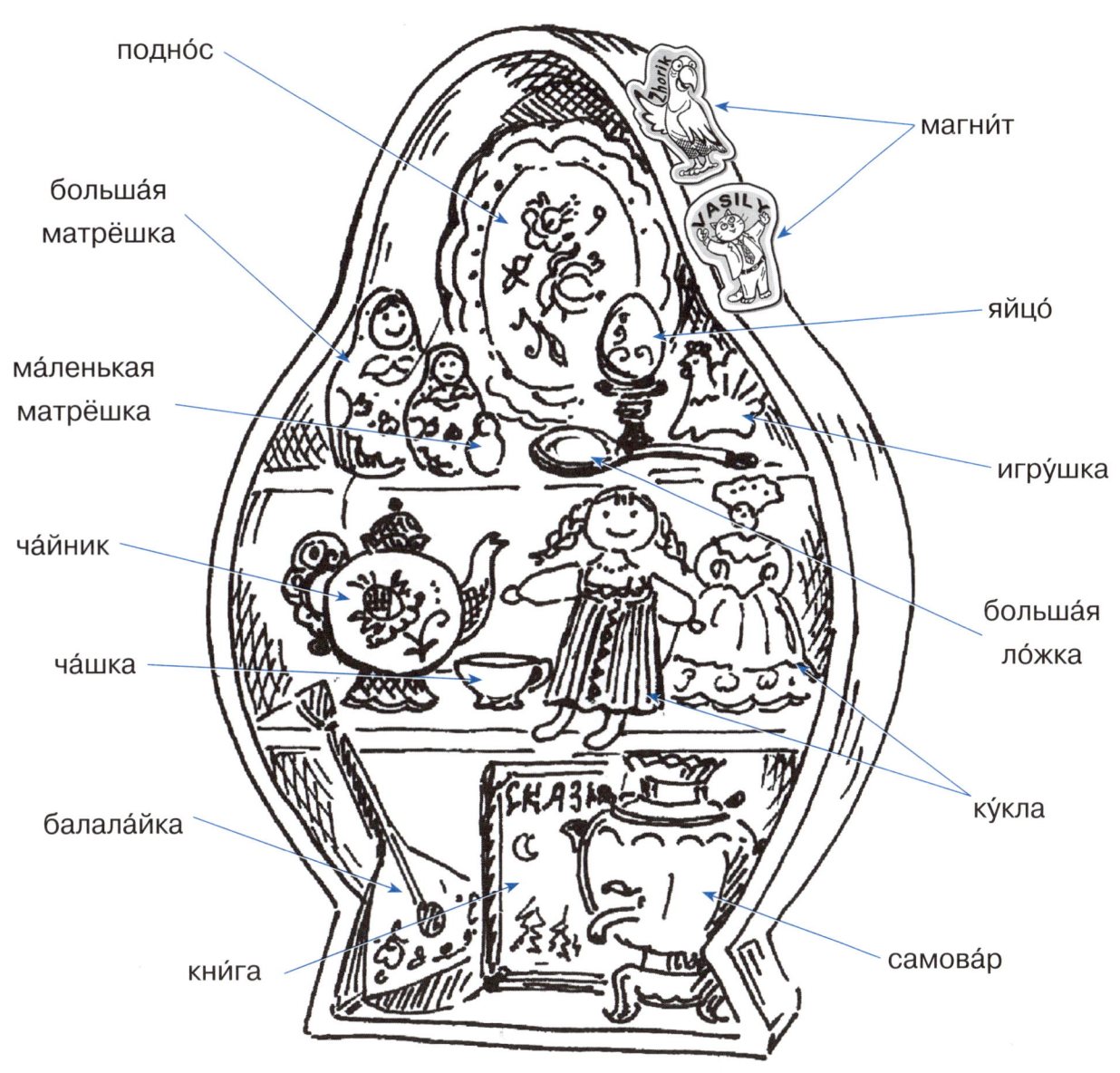

Что здесь есть?

Здесь есть: ..................................................................................................

............................................................................................................

............................................................................................................

............................................................................................................

............................................................................................................

*Magician:*

Ladies and gentlemen, it's the same kiosk shaped as a Russian souvenir "Matryoshka". You can see the same things in it. But now I'm going to ask you another question: «Что вы ви́дите?» (What do you see?) And the magic begins! Now the words change their endings! Let's answer this question:

Мы ви́дим подно́с, ча́йник, самова́р, яйцо́, ло́жк**у**, ча́шк**у**, ку́кл**у**, кни́г**у**, балала́йк**у**, матрёшк**у**.

So, I hope you remember the rule: masculine and neuter gender nouns have the same endings in the case № 1 as in the case № 4, however, feminine gender nouns will change their endings.

Что э́то? Э́то подно́с и яйцо́.

**Что вы ви́дите?** Мы ви́дим подно́с и яйцо́.

Что э́то? Э́то ло́жка и балала́йка.

**Что вы ви́дите?** Мы ви́дим ло́жк**у** и балала́йк**у**.

Now we are in a department store where you can buy clothes.

*Маг:* Скажи́те, пожа́луйста, что де́лает э́та де́вушка?

*Вы:* Она́ выбира́ет пла́тье.

*Маг:* Пра́вильно! Она́ выбира́ет пла́тье.

*Маг:* Что де́лает э́та де́вушка? Что она́ выбира́ет?

*Вы:* Она́ выбира́ет брю́ки.

*Маг:* Да. Вы пра́вы. Она́ выбира́ет брю́ки.

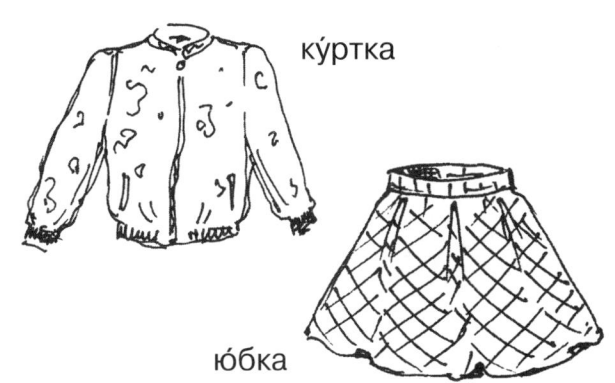

ку́ртка

ю́бка

*Маг:* Скажи́те, что ещё она́ хо́чет купи́ть?

*Вы:* Ещё она́ хо́чет купи́ть ку́ртку и ю́бку.

 Imagine that you are in your favorite city. What pictures would you like to take, and what places would you like to show to your friends?

Э́то мой люби́мый го́род. Он о́чень краси́вый. Я хочу́ сфотографи́ровать и показа́ть вам .............................................................................................................................................

.............................................................................................................................................

.............................................................................................................................................

.............................................................................................................................................

.............................................................................................................................................

.............................................................................................................................................

.............................................................................................................................................

.............................................................................................................................................

.............................................................................................................................................

.............................................................................................................................................

.............................................................................................................................................

.............................................................................................................................................

.............................................................................................................................................

.............................................................................................................................................

Ladies and gentlemen! I am very pleased to announce that today we begin to learn verbs of motion «**идти**» and «**ехать**» in Present Tense. These verbs are unusual, because they can be translated into English with the help of the same word **to go**. These verbs have their own rules. My assistant Zhorik will help you to understand them in details.

ИДТИ (to go)
means to move
on foot

ЕХАТЬ (to go)
means to move with
the help of transport

First of all, let's try to remember the conjugation of these verbs.
I'll give you five minutes for each verb. Listen, repeat, remember!

| ИДТИ | |
|---|---|
| я иду́ | мы идём |
| ты идёшь | вы идёте |
| он идёт | они иду́т |

| ЕХАТЬ | |
|---|---|
| я е́ду | мы е́дем |
| ты е́дешь | вы е́дете |
| он е́дет | они е́дут |

When you look at the pictures, you can see how energetically Zhorik is marching and how fast he is driving a car. I'm sure you want to ask him:
«Жо́рик, **куда́ ты идёшь?**» and «Жо́рик, **куда́ ты е́дешь**?»
(Where are you going?)
Please, remember!!! When you ask about the direction of motion, you must begin your question with the word  «**куда́**» (where to).
Also remember to put a noun in the case  № 4 when you answer this question.

Look at the table:

| ЧТО Э́ТО? (№ 1) | | КУДА́? (№ 4) |
| --- | --- | --- |
| суперма́ркет | я иду́ | в суперма́ркет |
| университе́т | ты идёшь | в университе́т |
| банк | он идёт | в банк |
| музе́й | мы идём | в музе́й |
| общежи́тие | вы идёте | в общежи́тие |
| апте́ка | они́ иду́т | в апте́ку |
| библиоте́ка | | в библиоте́ку |
| поликли́ника | | в поликли́нику |
| кафе́ | | в кафе́ |
| рестора́н | | в рестора́н |
| Пари́ж | я е́ду | в Пари́ж |
| теа́тр | ты е́дешь | в теа́тр |
| посо́льство | он е́дет | в посо́льство |
| Москва́ | мы е́дем | в Москву́ |
| гости́ница | вы е́дете | в гости́ницу |
| Япо́ния | они́ е́дут | в Япо́нию |
| И́ндия | | в И́ндию |
| Сидне́й | | в Сидне́й |
| Манче́стер | | в Манче́стер |
| Белору́ссия | | в Белору́ссию |

You don't have any problems with the word «**идти́**». For example, we suddenly met each other in the street and you ask me:

*Вы:* Здра́вствуй, Жо́рик, куда́ ты идёшь?

*Я:* Приве́т, приве́т! Я иду́ в кинотеа́тр. А ты куда́ идёшь?

*Вы:* Я иду́ .........................................................................

As for the verb «**е́хать**» I recommend you simply to learn it.

When we talk about a place where we want to go, we may use two small Russian words «**в**» and «**на**» (in and on).

Look at the table and compare two variants:

| Preposition<br>**В**<br>with countries, cities, buildings ... | Preposition<br>**НА**<br>with open places and events, isles, mauntains |
|---|---|
| Я иду́ / Я е́ду<br>   в теа́тр<br>   в рестора́н<br>   в больни́цу<br>   в суперма́ркет<br>   в о́фис<br>   в аэропо́рт<br>   в библиоте́ку | Я иду́<br>   на уро́к<br>   на ле́кцию<br>   на у́лицу<br>   на пло́щадь<br>   на ры́нок<br>   на заво́д<br>   на по́чту |
| Я е́ду<br>   в Росси́ю<br>   в Москву́<br>   в Санкт-Петербу́рг<br>   в То́кио<br>   в Аме́рику<br>   в Евро́пу<br>   в Австра́лию<br>   в Сиби́рь | Я иду́ / Я е́ду<br>   на стадио́н<br>   на́ реку<br>   на о́зеро<br>   на Тайва́нь<br>   на Ура́л<br>   на вы́ставку<br>   на конце́рт<br>   на рабо́ту |

 Now read the dialogue and underline the word that refers to a place where Zhorik rides.

*Вы:* Жо́рик, куда́ ты е́дешь?

*Жо́рик:* Я е́ду на ры́нок.

*Вы:* Что ты там хо́чешь купи́ть?

*Жо́рик:* Я хочу́ там купи́ть проду́кты: молоко́, сыр, хлеб, бу́лочку, ры́бу, колбасу́, ты́кву, морко́вь, капу́сту, ма́сло, сала́т.

*Вы:* Поня́тно.

*Жо́рик:* А ты куда́ идёшь?

*Вы:* Я иду́ на стадио́н, на те́ннисный корт. Я люблю́ игра́ть в те́ннис.

## ЖО́РИК Е́ДЕТ ОТДЫХА́ТЬ В Я́ЛТУ

*Жо́рик:* Я о́ч-ч-чень люблю́ путеше́ствовать. Пётр, а вы лю́бите по́езд?

*Пётр:* Нет, Жо́рик, я не о́чень люблю́ по́езд. Я бизнесме́н. Вре́мя — де́ньги. Я люблю́ самолёт, но сейча́с я е́ду отдыха́ть, а не рабо́тать... есть вре́мя...

*Жо́рик:* И я люблю́ отдыха́ть. Я е́ду в Крым, на юг. Я́лта — прекра́сное ме́сто. Там есть ста́рый за́мок «Ла́сточкино гнездо́».

*Пётр:* И я е́ду в Я́лту. Я о́чень люблю́ Крым. Там краси́вая приро́да, до́брые, симпати́чные лю́ди, хоро́шие гости́ницы.

*Жо́рик:* ...и за́мок «Ла́сточкино гнездо́»!..

***Check yourself. Fill the gaps.***

1. Put the verbs «**идти́**» and «**éхать**» in the right form.

2. Write the necessary interrogative words.

3. Write down the places, where people go.

4. Write down the things, which people like to do.

*Ма́ма:* Óля, куда́ ты .........................?

*Óля:* Я ................................. в парк.

*Вопро́с:* ......................... идёт Óля?

*Отве́т:* Она́ идёт ........................... .

*Óля:* Ди́ма, здра́вствуй!

*Ди́ма:* Здра́вствуй, Óля!

*Óля:* Э́то твой но́вый велосипе́д?

*Ди́ма:* Да. Я ........................... на велосипе́де на вы́ставку, а пото́м на стадио́н.

*Вопро́с:* ........................... éдет Ди́ма на велосипе́де?

*Отве́т:* Он éдет на велосипе́де .............

................................................. .

*Ди́ма:* Óля, а ты куда́ ...........................?

*Óля:* Я ....................... в парк. Я люблю́ наш ма́ленький парк. Я люблю́ там мечта́ть, гуля́ть, отдыха́ть, говори́ть по телефо́ну.

*Вопро́с:* Óля идёт в парк. Что она́ лю́бит там де́лать?

*Отве́т:* Там она́ лю́бит ...............................

................................................. .

*Хидéко:* Дóбрый день!

*Óля и Дúма:* Мáма, кудá вы ...........................?

*Мáма:* Мы ............................... на пóчту.

*Вопрóс:* ..................... онú идýт?

*Ответ:* Онú идýт ............................... .

*Дúма:* Óля, смотрú, там Кóля.

*Óля:* Кто это? Твой друг? Я его не знáю.

*Дúма:* Кóля! Кó-о-ля! Привéт!

*Кóля:* Дóбрый день!

*Дúма:* Познакóмься, это моя нóвая подрýга Óля.

*Кóля:* Óчень приятно, Кóля.

*Дúма:* Кудá ты ......................... на мотоцúкле?

*Кóля:* Я ..................... в аптéку, а потóм домóй.

Извинúте, мне порá éхать. Покá!

*Óля:* До свидáния, всегó хорóшего.

*Кóля:* До зáвтра!

*Вопрóс:* .............. éдет Кóля на мотоцúкле?

*Ответ:* Он éдет на мотоцúкле ..................

................................................. .

*Óля:* Дúма, извинú, и мне порá идтú в парк.

*Дúма:* Мне тóже порá éхать на выставку

и на стадиóн.

*Óля:* Всегó хорóшего!

*Дúма:* До встрéчи!

*Вопрóс:* Óля ........................ на стадиóн?

*Ответ:* Нет, онá идёт ........................... .

Dear friends! And now we will talk about new interesting verbs of motion. We use them when we go somewhere, and then return home (or to the place where we have been before). These are so-called verbs of two directions: to go somewhere and to come back. Read the text and try to understand the meaning:

Э́то мой университе́т. Здесь я рабо́таю. Ка́ждое у́тро я Е́ЗЖУ на рабо́ту на маши́не. а мои́ студе́нты Е́ЗДЯТ в университе́т на метро́. Днём я ХОЖУ́ обе́дать в рестора́н, а мои́ студе́нты ХО́ДЯТ в кафе́.

 **Ка́ждый день я ХОЖУ́ в спортклу́б.** What does this phrase mean?

It means that every day I move from my house to the sport club on foot and return back.
If I do it with the help of transport, I say: «**Ка́ждый день я Е́ЗЖУ в университе́т**».

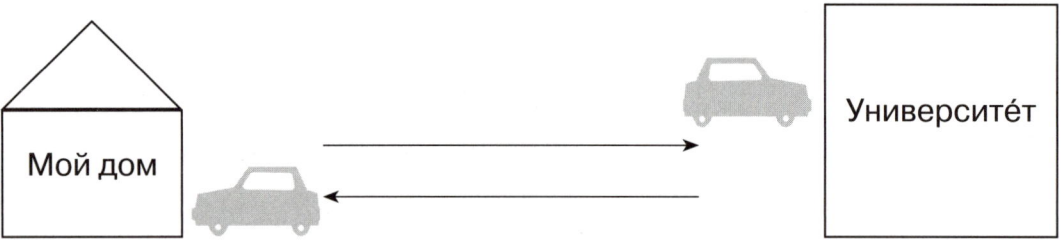

| | **Куда́ вы хо́дите** ка́ждый день? | **Куда́ вы е́здите** ка́ждый день? |
|---|---|---|
| Present Tense | я хожу́ | я е́зжу |
| | ты хо́дишь | ты е́здишь |
| | он хо́дит | он е́здит |
| | она хо́дит      в магази́н | она е́здит      на рабо́ту |
| | мы хо́дим | мы е́здим |
| | вы хо́дите | вы е́здите |
| | они хо́дят | они е́здят |

It's time to give you some more interesting words and phrases to make our communication entertaining. They will help you to answer the question: «**Когда?**» (When?). I think you need them.

# КОГДА?

| | | | |
|---|---|---|---|
| в понеде́льник | — on Monday | ка́ждый понеде́льник | — every Monday |
| во вто́рник | — on Tuesday | ка́ждую суббо́ту | — every Saturday |
| в сре́ду | — on Wednesday | ка́ждое воскресе́нье | — every Sunday |
| в четве́рг | — on Thursday | ка́ждую неде́лю | — every week |
| в пя́тницу | — on Friday | ка́ждый ме́сяц | — every month |
| в суббо́ту | — on Saturday | ка́ждое ле́то | — every summer |
| в воскресе́нье | — on Sunday | ка́ждый год | — every year |

| зимо́й | весно́й | ле́том | о́сенью |
|---|---|---|---|
| in the winter | in the spring | in the summer | in the autumn |

 Answer my questions and write down your answers:

1. Куда́ вы е́здите ка́ждое у́тро?

   ...................................................................................................

2. Куда́ вы хо́дите ка́ждый ве́чер?

   ...................................................................................................

3. Куда́ вы е́здите ка́ждое ле́то?

   ...................................................................................................

4. Куда́ вы хо́дите ка́ждое воскресе́нье?

   ...................................................................................................

5. Вы хо́дите в фи́тнес-центр ка́ждую неде́лю?

   ...................................................................................................

6. Вы хо́дите в кинотеа́тр ка́ждый ме́сяц?

   ...................................................................................................

7. Вы е́здите на экску́рсии ка́ждый год?

   ...................................................................................................

# CAT'S TIP № 14.  Verbs of motion in the Past Tense
# ПОДСКАЗКА № 14.  Глаголы движения в прошедшем времени

Ladies and gentlemen! You have already learned verbs of motion «**ходи́ть**» and «**е́здить**» in the Present Tense: **Я хожу́**, **я е́зжу** and so on. But today we are going to speak about the verbs of motion in the Past Tense. Look at the examples and try to understand their meaning:

## КУДА́ ВЫ **ХОДИ́ЛИ** ВЧЕРА́?
Where did you go yesterday?

Я ходи́**л** в банк.

I **went** to the bank.

Я ходи́**ла** в музе́й.

I **went** to the museum.

Мы ходи́**ли** в шко́лу.

We **went** to school.

Did you notice that in English we use the same word "went" for all three pictures? But in Russian we have three variants: ходи́л, ходи́ла, ходи́ли. Why is it so? The Past Tense of Russian verbs depends on gender (он, она) and plural (они). A man says: «Я ходи́л», a woman says: «Я ходи́ла». If we think about two or more people, we say: «Мы ходи́ли, вы ходи́ли, они́ ходи́ли». Remember it, please!

— **Куда́ вы ходи́ли вчера́?**

— Вчера́ я ходи́л в кино́.

|  | Past Tense | он    ходи́л | в музе́й |
|---|---|---|---|
|  |  | она  ходи́ла | в банк |
|  |  | они  ходи́ли | на вы́ставку |

— **Куда́ вы е́здили вчера́?**

— Вчера́ мы е́здили на экску́рсию.

|  | Past Tense | он    е́здил | в суперма́ркет |
|---|---|---|---|
|  |  | она  е́здила | на ры́нок |
|  |  | они  е́здили | в поликли́нику |

 Look at the pictures, read the questions and write down the answers.

*Model:*

## 1. УНИВЕРСИТÉТ

— Кудá ты ходи́л вчерá у́тром?

— *Вчерá у́тром я ходи́л в университéт.*

## 2. СТАДИÓН

— Кудá ты вчерá днём éздил (éздила) на велосипéде?

— ...................................................

— ...................................................

## 3. РЫ́НОК

— Кудá вы ходи́ли (пешкóм) вчерá у́тром?

— ...................................................

— ...................................................

## 4. ДЕРÉВНЯ

— Кудá вы вчерá éздили на автóбусе?

— ...................................................

— ...................................................

 Read the text by roles 2 times. Now, close the text, just look at the pictures and speak for the heroes.

Иван Петрович: Добрый вечер!
Хидеко: Добрый вечер!
Ирина Петровна: Добрый вечер!

Иван Петрович: Как ваши дела, Хидеко? Куда вы ходили сегодня?

Хидеко: Сегодня утром мы ходили в музей. Какие там красивые старые иконы и картины!!!
Оля: А потом мы ходили в кафе.

Хидеко: А потом мы ходили пешком на улицу Арбат. Это прекрасное место!
Иван Петрович: Это очень старая улица. Все москвичи любят улицу Арбат.
Хидеко: Я думаю, что туристы тоже любят гулять здесь.

**Ива́н Петро́вич:** Ири́на, ты ходи́ла сего́дня на рабо́ту в теа́тр?

**Ири́на Петро́вна:** Да, сего́дня по́сле обе́да я ходи́ла в теа́тр на репети́цию.

**Хиде́ко:** Вы актри́са, что вы лю́бите игра́ть? Дра́мы и́ли коме́дии?

**Ирина Петровна:** Я люблю́ игра́ть дра́мы.

**Óля:** Па́па, сего́дня ты е́здил на рабо́ту на авто́бусе и́ли на маши́не?

**Ива́н Петро́вич:** Сего́дня я ходи́л на рабо́ту пешко́м.

**Óля:** Па́па, ты шу́тишь? Твой заво́д о́чень далеко́.

**Ива́н Петро́вич:** До́ченька, ну, коне́чно, э́то шу́тка. Я люблю́ шути́ть. Сего́дня я е́здил на рабо́ту на метро́. Моя́ маши́на пло́хо рабо́тает. Её на́до ремонти́ровать.

**Ири́на Петро́вна:** У́жин гото́в! Прошу́ за сто́л!

**Запишите ответы на вопросы, а потом задайте их вашему партнёру.**

1. Куда́ ходи́ли сего́дня у́тром Хидэ́ко и О́ля?

   .........................................................................................

2. Когда́ О́льга и Хидэ́ко ходи́ли в музе́й?

   .........................................................................................

3. Что есть в музе́е?

   .........................................................................................

4. О́ля и Хидэ́ко е́здили на у́лицу Арба́т на метро́?

   .........................................................................................

5. Кто лю́бит у́лицу Арба́т?

   .........................................................................................

6. Кака́я у́лица Арба́т: ста́рая и́ли но́вая?

   .........................................................................................

7. Куда́ сего́дня ходи́ла Ири́на Петро́вна?

   .........................................................................................

8. Когда́ Ири́на Петро́вна ходи́ла на рабо́ту?

   .........................................................................................

9. Ири́на Петро́вна — актри́са. Что она́ лю́бит игра́ть?

   .........................................................................................

10. Куда́ сего́дня е́здил Ива́н Петро́вич?

    .........................................................................................

11. Ива́н Петро́вич е́здил на рабо́ту на мотоци́кле?

    .........................................................................................

12. Кто лю́бит шути́ть?

    .........................................................................................

13. Кто е́здил на рабо́ту на метро́: Ири́на Петро́вна и́ли Ива́н Петро́вич?

    .........................................................................................

14. Кто говори́т: «У́жин гото́в! Прошу́ к столу́!»?

    .........................................................................................

# ВЬЮН НАД ВОДО́Й

## Ру́сская наро́дная пе́сня

Вьюн над водо́й, ой, вьюн над водо́й,
Вьюн над водо́й расстила́ется.
Жени́х у воро́т, ой, жени́х у воро́т,
Жени́х у воро́т дожида́ется.

Вы́вели ему́, ой, вы́вели ему́,
Вы́вели ему́ вороно́го коня́.
— Э́то не моё, ой, э́то не моё,
Э́то не моё, э́то ба́тюшки мово́.

Вьюн над водо́й, ой, вьюн над водо́й,
Вьюн над водо́й расстила́ется.
Жени́х у воро́т, ой, жени́х у воро́т,
Жени́х у воро́т дожида́ется.

Вы́несли ему́, ой, вы́несли ему́
Вы́несли ему́ сундуки́, полны́ добра́.
— Э́то не моё, ой, э́то не моё,
Э́то не моё, э́то дя́душки мово́.

Вьюн над водо́й, ой, вьюн над водо́й,
Вьюн над водо́й расстила́ется.
Жени́х у воро́т, ой, жени́х у воро́т,
Жени́х у воро́т дожида́ется.

Вы́вели ему́, ой, вы́вели ему́,
Вы́вели ему́ Свет-Наста́сьюшку.
— Э́то не моё, ой, э́то не моё,
Э́то не моё, э́то бра́та моего́.

Вьюн над водо́й, ой, вьюн над водо́й,
Вьюн над водо́й расстила́ется.
Жени́х у воро́т, ой, жени́х у воро́т,
Жени́х у воро́т дожида́ется.

Вы́несли ему́, ой, вы́несли ему́
Вы́несли ему́ дли́нный по́сох да суму́.
— Э́то вот моё, ой, э́то вот моё,
Э́то вот моё, Бо́гом да́денное.

КАРАОКЕ ОТ ЖОРИКА

https://youtu.be/dZFz6ggwlNQ

*Listen, learn and sing a song.*

# CAT'S TIP № 15.    Verbs of motion in the Future Tense
# ПОДСКАЗКА № 15.  Глаголы движения в будущем времени

Ladies and gentlemen! Studying the Future Tense of the verbs of motion won't be difficult for you. You already know the verbs «идти́ — éхать» in Present Tense (я иду́ — я éду). In order to form the Future Tense you will need to add **по-** at the beginning. For example: я иду́ — я **по**йду́, я éду — я **по**éду. Congratulations! Now you know what the verbs of motion look like in the Future Tense.

### ПОЙТИ́

За́втра я хочу́ пойти́ в магази́н.

I would like to go to the shop tomorrow.

### ПОÉХАТЬ

За́втра я хочу́ поéхать в Москву́.

I would like to go to Moscow tomorrow.

Look at the table and compare verbs of motion in the Present and Future Tenses:

| ИДТИ́ | | ПОЙТИ́ | |
|---|---|---|---|
| Present | | Future | |
| я | иду́ | я | **по**йду́ |
| ты | идёшь | ты | **по**йдёшь |
| он | идёт | он | **по**йдёт |
| мы | идём | мы | **по**йдём |
| вы | идёте | вы | **по**йдёте |
| они | иду́т | они | **по**йду́т |

| ÉХАТЬ | | ПОÉХАТЬ | |
|---|---|---|---|
| Present | | Future | |
| я | éду | я | **по**éду |
| ты | éдешь | ты | **по**éдешь |
| он | éдет | он | **по**éдет |
| мы | éдем | мы | **по**éдем |
| вы | éдете | вы | **по**éдете |
| они | éдут | они | **по**éдут |

If you plan to go anywhere on any day of the week, you need to know how to say it in Russian. Look at the table and write down about your plans for every day of the week:

| КОГДА́? | ПЛАН |
|---|---|
| в понеде́льник | ПН — трениро́вка |
| во вто́рник | ВТ — кафé |
| в срéду | СР — вы́ставка |
| в четвéрг | ЧТ — теа́тр |
| в пя́тницу | ПТ — ры́нок |
| в суббо́ту | СБ — дерéвня |
| в воскресéнье | ВС — парк |

1. — Куда́ ты пойдёшь в понедéльник?

   — *В понедéльник я пойду́ на трениро́вку.*

98

2. — Куда́ ты пойдёшь во вто́рник?

   — ....................................................................................................

3. — Куда́ ты пое́дешь в сре́ду?

   — ....................................................................................................

4. — Куда́ ты пойдёшь в четве́рг?

   — ....................................................................................................

5. — Куда́ ты пойдёшь в пя́тницу?

   — ....................................................................................................

6. — Куда́ ты пое́дешь в суббо́ту?

   — ....................................................................................................

7. — Куда́ ты пойдёшь в воскресе́нье?

   — ....................................................................................................

 Look at the pictures and say where people are planning to go tomorrow. Don't forget to choose the proper verb, because some people go on foot, but others use transport.

ресторáн

по́чта

це́рковь

Я ........................ на велосипе́де в це́рковь.

Ты ........................ на авто́бусе ........................ .

Он ........................ на мотоци́кле ........................ .

Она́ ........................ пешко́м ........................ .

Мы ........................ на такси́ ........................ .

Вы ........................ на такси́ ........................ .

Они́ ........................ пешко́м ........................ .

лес

банк

99

*Ири́на Петро́вна:* О́ля, за́втра суббо́та.
Куда́ ты пойдёшь у́тром?

*О́ля:* За́втра у́тром я пойду́
в спортклу́б.

*Хиде́ко:* О́ля, за́втра по́сле обе́да мы
пойдём в магази́н
«Сувени́ры»?

*О́ля:* Коне́чно, мы пойдём туда́
за́втра по́сле обе́да.

*Хиде́ко:* Мои́ друзья́ о́чень лю́бят
ру́сские сувени́ры.

*Ива́н Петро́вич:* Каки́е сувени́ры они́ лю́бят?

*Хиде́ко:* Хохлому́, гжель, ра́зные
магни́ты, самова́ры,
жо́стовские подно́сы,
фотоальбо́мы.

*Ири́на Петро́вна:* А я ка́ждую суббо́ту е́зжу
на велосипе́де на ры́нок.
Я ду́маю, за́втра у́тром…

*О́ля:* За́втра у́тром я пойду́
в спортклу́б, а ты пое́дешь
на велосипе́де на ры́нок.
А па́па? Куда́ пое́дет наш
па́па?

*Ива́н Петро́вич:* В суббо́ту у́тром я пое́ду
в бассе́йн, а пото́м пойду
в магази́н «Кни́ги». Хиде́ко,
а вы куда́ пойдёте в суббо́ту
у́тром?

*Хиде́ко:* За́втра у́тром я никуда́
не пойду́.

*Óля:* Пáпа, в воскресéнье мы поéдем в лес на машúне úли на пóезде?

*Ивáн Петрóвич:* Конéчно, на машúне.

*Ивáн Петрóвич:* А зáвтра вéчером… сюрпрúз! Мы все пойдём в Большóй теáтр. Там идёт моя любúмая óпера «Князь Úгорь».

*Хидéко:* Спасúбо, Ивáн Петрóвич, я давнó мечтáю пойтú в Большóй теáтр.

*Óля:* Спасúбо, пáпа, я óчень рáда!

*Ирúна Петрóвна:* Это óчень приятный сюрпрúз! Спасúбо! Я с удовóльствием пойдý!

Вопрóсы:

1. Кто пойдёт в магазúн покупáть сувенúры?
2. Óля пойдёт в спортклýб пешкóм úли поéдет тудá на самокáте?
3. Кто пойдёт в магазúн «Сувенúры»?
4. Óля и Хидéко поéдут в магазúн на автóбусе úли пойдýт тудá пешкóм?
5. Кудá поéдет на велосипéде Ирúна Петрóвна зáвтра ýтром?
6. Кудá пойдёт пешкóм Ивáн Петрóвич в суббóту ýтром?
7. Кудá все поéдут на машúне в воскресéнье ýтром?
8. Когдá все поéдут в лес?
9. Когдá все пойдýт в Большóй теáтр?
10. Что там мóжно посмотрéть в суббóту вéчером?
11. Кто давнó мечтáет пойтú в Большóй теáтр, Óля или Хидéко?

Do you love/like someone? Do you want to talk about it? I'm happy to help you. You should learn this new question: «**Кого?**»

| | |
|---|---|
| **Кого́** ты лю́бишь? | Whom do you like? |

You can use this question with some other verbs too:

| | |
|---|---|
| Кого́ ты зна́ешь? | Whom do you know? |
| Кого́ ты ви́дишь? | Whom do you see? |
| Кого́ ты ждёшь? | Whom are you waiting for? |
| Кого́ ты понима́ешь? | Whom do you understand? |
| Кого́ ты слу́шаешь? | Whom do you listen to? |

Now look at the table and you will see the magical changes of endings. So, case № 4 addresses people. Here you are!

| | | | |
|---|---|---|---|
| **ОН** | Э́то Анто́н. | + **а** | ⟶ Я зна́ю Анто́н**а**. |
| | Э́то И́гор**ь**. | + **я** | ⟶ Я зна́ю И́гор**я**. |
| **ОНА** | Э́то А́нн**а**. | + **у** | ⟶ Я зна́ю А́нн**у**. |
| | Э́то Ка́т**я**. | + **ю** | ⟶ Я зна́ю Ка́т**ю**. |

Now you can speak in Russian about **things** and **people** you like:

| | |
|---|---|
| Я люблю́ спорт. | Я люблю́ бра́т**а**. |
| Я люблю́ моро́женое. | Я люблю́ сестр**у́**. |
| Я люблю́ му́зык**у**. | Я люблю́ свою́ семь**ю́**. |

Well, you already know how to use case № 4. Remember that the endings of the nouns are different when you speak about things and about people.

| Pron. | THINGS | | PEOPLE | |
|---|---|---|---|---|
| ОН | Э́то суп.<br>Case № 1 | **Я люблю́ суп.**<br>(№ 4 = № 1) | Э́то друг.<br>Case № 1 | **Я люблю́ дру́га.**<br>Case № 4 |
| ОНО | Э́то кака́о.<br>Case № 1 | **Я люблю́ кака́о.**<br>(№ 4 = № 1) | — | |
| ОНА | Э́то колбаса́.<br>Case № 1 | **Я люблю́ колбасу́.**<br>Case № 4 | Э́то подру́га.<br>Case № 1 | **Я люблю́ подру́гу.**<br>Case № 4 |

***Complete the phrases. Write down the nouns in the case № 4:***

Э́то журна́л. Я чита́ю .............................

Э́то кни́га. Я чита́ю .............................

Э́то фильм. Я смотрю́ .............................

Э́то футбо́л. Я люблю́ .............................

Э́то пе́сня. Я слу́шаю .............................

Э́то Ива́н. Я зна́ю .............................

Э́то Еле́на. Я ви́жу .............................

Э́то фильм. Я смотрю́ .............................

Э́то Мари́я. Я люблю́ .............................

Э́то семья́. Я фотографи́рую .............................

You already know the phrase «**Я тебя люблю**» (I love you) and the question «**Как тебя зовут?**» (What is your name?). Now you understand that you have already used the case № 4 in your speech. If you would like to know how to use the personal pronouns in this case, you need to look at the tables:

| Personal pronouns Case № 1 | Personal pronouns Case № 4 |
|---|---|
| Это я. | Ты **меня** любишь? |
| Это ты. | Я **тебя** люблю. |
| Это он. | Она **его** любит. |
| Это она. | Он **её** любит. |
| Это мы. | Вы **нас** любите? |
| Это вы. | Я **вас** люблю. |
| Это они. | Мы **их** любим. |

| Personal pronouns Case № 1 | Personal pronouns Case № 4 |
|---|---|
| Это я. | Как **меня** зовут? |
| Это ты. | Как **тебя** зовут? |
| Это он. | Как **его** зовут? |
| Это она. | Как **её** зовут? |
| Это мы. | Как **нас** зовут? |
| Это вы. | Как **вас** зовут? |
| Это они. | Как **их** зовут? |

**Answer the questions according to the model:**

Антон любит Анну. А она?
**Она тоже любит его.**

1. Мария любит Ивана. А он?
   ..............................................
2. Антон любит Катю. А она?
   ..............................................
3. Мы любим вас. А вы?
   ..............................................
4. Они любят нас. А мы?
   ..............................................
5. Я люблю их. А они?
   ..............................................

**Ask the questions according to the model:**

Это моя сестра.
**Как её зовут?**

1. Это мой брат.
   ..............................................
2. Это моя мама.
   ..............................................
3. Это друг и подруга.
   ..............................................
4. Это я и моя сестра.
   ..............................................
5. Это я.
   ..............................................

I see that you have already learned the case № 4. It means that you have **studied** well. I think it's time to learn the verb «**учиться**» (to study). Try to memorize it as quickly as possible. You will need it very soon!

| УЧИ́ТЬСЯ | |
|---|---|
| я | учу́**сь** |
| ты | у́чишься |
| он | у́чится |
| она | у́чится |
| мы | у́чимся |
| вы | у́чите**сь** |
| они | у́чатся |

**Finish the phrase with the correct form of the verb:**

Это университе́т. Здесь я .................. .
Это шко́ла. Здесь ..................... Анна.
Это институ́т. Здесь .................. брат.
Где вы ..............................?
Мы хорошо́ ................................. .
Мой друзья́ ......................... хорошо́.

103

 **Read the text about a family and answer the questions.**

## МОЯ СЕМЬЯ

Меня́ зову́т Артём. Э́то моя́ ма́ма. Её зову́т Еле́на. Она́ медсестра́. Моя́ ма́ма до́брая, весёлая и краси́вая. Она́ лю́бит гото́вить. Я её о́чень люблю́.

Мой па́па программи́ст. Его́ зову́т Алексе́й. Он то́же весёлый, до́брый и общи́тельный, как и ма́ма. Мой па́па о́чень лю́бит ма́му, меня́ и сестру́. Ещё он лю́бит води́ть маши́ну.

Моя́ сестра́ симпати́чная и у́мная де́вочка. Её зову́т Мари́на. Она́ шко́льница. Ка́ждый день она́ хо́дит в шко́лу. Мари́на хорошо́ у́чится. Она́ изуча́ет ру́сский язы́к, англи́йский язы́к, литерату́ру, матема́тику и други́е предме́ты. Ещё она́ игра́ет на пиани́но и лю́бит танцева́ть.

А я не хожу́ в шко́лу. Я ещё ма́ленький. Я хожу́ в де́тский сад. Там я игра́ю, гуля́ю и жду ма́му. Я люблю́ спорт. Я игра́ю в футбо́л и хорошо́ пла́ваю.

А э́то на́ша ба́бушка Ма́ша и наш де́душка Ко́ля. Они́ лю́бят нас, а мы лю́бим их. Они́ пенсионе́ры. Они́ уже́ не рабо́тают. Они́ отдыха́ют. Мы живём вме́сте. Ба́бушка помога́ет гото́вить обе́д. Де́душка хо́дит в магази́н и на ры́нок. Ба́бушка лю́бит вяза́ть — э́то её хо́бби. А де́душка лю́бит лови́ть ры́бу.

Ве́чером мы все вме́сте у́жинаем и смо́трим телеви́зор. А пото́м де́душка и́ли ба́бушка чита́ет кни́ги, а я слу́шаю. В воскресе́нье мы хо́дим в парк, в кино́ и́ли на стадио́н. Мы дру́жная семья́, потому́ что мы о́чень лю́бим друг дру́га!

Вопро́сы:

1. Кого́ вы ви́дите на фо́то? .................................................

2. Как зову́т ма́му? ...........................................................

3. Как зову́т па́пу? ...........................................................

4. Что лю́бит де́лать ма́ма? ...............................................

5. Кака́я она́? Како́й её хара́ктер? .......................................

6. Кто она́? Кака́я её профе́ссия? ........................................

7. Как зову́т па́пу? ...........................................................

8. Кто он? Кака́я его́ профе́ссия? ........................................

9. Како́й он? Како́й его́ хара́ктер? .......................................

10. Кого́ лю́бит па́па? ........................................................

11. Что лю́бит де́лать па́па? ...............................................

12. Как зову́т сестру́? .......................................................

13. Куда́ она́ хо́дит ка́ждый день? .......................................

14. Кака́я она́? ................................................................

15. Что она́ изуча́ет? ........................................................

16. Как она́ у́чится? .........................................................

17. Что она́ лю́бит де́лать? ................................................

18. Как зову́т ба́бушку? .....................................................

19. Како́е её хо́бби? ..........................................................

20. Как зову́т де́душку? .....................................................

21. Что он лю́бит де́лать? ..................................................

22. Куда́ хо́дит де́душка? ...................................................

23. Что помога́ет гото́вить ба́бушка? ...................................

24. Артём хо́дит в шко́лу? .................................................

25. Куда́ он хо́дит? ...........................................................

26. Что лю́бит де́лать Артём? .............................................

27. Что семья́ де́лает ве́чером? ...........................................

28. Что де́лает Артём, когда́ ба́бушка чита́ет? .......................

29. Куда́ они́ хо́дят в воскресе́нье? .....................................

 Поздравля́ю вас, вы отве́тили на 29 вопро́сов!

## CAT'S TIP № 17.  Case № 6. Where do you live?
## What are you thinking about?
## ПОДСКАЗКА № 17.  Падеж № 6. Где вы живёте? О чём вы думаете?

Dear friends! If you look at the beginning of our book and find the CAT'S TIP № 3, you will be surprised. You already know the question: «**Где?**» Zhorik helped you to learn it when he tried to find his way in the city. You heard the questions:

| | |
|---|---|
| Скажи́те, пожа́луйста, где банк? | Please, tell me where the bank is. |
| Где гости́ница? | Where is the hotel? |
| Где рестора́н? | Where is the restaurant? |

If you would like to use these questions more correctly, you may add the verb «нахо́дится» (is located). For example:

| | |
|---|---|
| Где нахо́дится аэропо́рт? | Where is the airport located? |
| Где нахо́дится вокза́л? | Where is the railway station located? |
| Где нахо́дится автовокза́л? | Where is the bus station located? |
| Где нахо́дится Кра́сная пло́щадь? | Where is the Red Square located? |

You also know some variants of answers:

| **Где** нахо́дится магази́н? | здесь/тут | here |
|---|---|---|
| | там | there |
| | спра́ва | on the right |
| | сле́ва | on the left |

Now I will help you to answer the question: «**Где?**» using the case № 6. This case is called "Prepositional Case", that is why you must learn two prepositions: «**в**» (inside) and «**на**» (on the surface). Look at the pictures and say:

Что нахо́дится **в** шля́п**е**?

(What is there in the hat?)

В шля́пе телефо́н.

Что нахо́дится **на** стол**é**?

(What is there on the table?)

На столе́ кни́га, анана́с и кро́лик.

| ЧТО ЭТО?<br>(Case № 1) | | ГДЕ? (Case № 6)<br>**В**<br>(with countries, cities, buildings) |
|---|---|---|
| Это го́род.<br>Это Санкт-Петербу́рг.<br>Это Пари́ж.<br><br>Это Москва́.<br>Это гости́ница.<br>Это Япо́ния. | Я живу́ | в го́роде<br>в Санкт-Петербу́рге<br>в Пари́же<br><br>в Москве́<br>в гости́нице<br>в Япо́нии |
| Это банк.<br>Это суперма́ркет.<br>Это теа́тр.<br><br>Это библиоте́ка.<br>Это поликли́ника.<br>Это лаборато́рия. | Я рабо́таю | в ба́нке<br>в суперма́ркете<br>в теа́тре<br><br>в библиоте́ке<br>в поликли́нике<br>в лаборато́рии |
| Это университе́т.<br>Это шко́ла. | Я учу́сь | в университе́те<br>в шко́ле |
| Это кинотеа́тр.<br>Это музе́й.<br>Это посо́льство.<br>Это общежи́тие.<br><br>Это Палести́на.<br>Это Индоне́зия. | Я был<br>Я была́<br>Он был<br>Она́ была́<br>Мы бы́ли<br>Вы бы́ли<br>Они́ бы́ли | в кинотеа́тре<br>в музе́е<br>в посо́льстве<br>в общежи́тии<br><br>в Палести́не<br>в Индоне́зии |
| ЧТО ЭТО?<br>(Case № 1) | | ГДЕ? (Case № 6)<br>**НА**<br>(with open places and events) |
| Это стадио́н.<br>Это у́лица.<br>Это река́.<br>Это пло́щадь.<br>Это конце́рт.<br>Это рабо́та.<br>Это ле́кция.<br><br>Это заво́д.<br>Это ры́нок.<br>Это по́чта. | Я был<br>Я была́<br>Он был<br>Она́ была́<br>Мы бы́ли<br>Вы бы́ли<br>Они́ бы́ли | на стадио́не<br>на у́лице<br>на реке́<br>на пло́щади<br>на конце́рте<br>на рабо́те<br>на ле́кции<br>**Exceptions:**<br>на заво́де<br>на ры́нке<br>на по́чте |

Here is another table of nouns in the case № 6 for you to remember the endings better:

| Pron. | Что это?<br>(Case № 1) | Где?<br>(Case № 6) | Changes of<br>the endings |
|---|---|---|---|
| ОН | стол | на стол**е́** | + **Е** |
| | слова́р**ь** | в словар**е́** | ь̶ + **Е** |
| | Кита́**й** | в Кита́**е** | й̶ + **Е** |
| ОНО | окн**о́** | на окн**е́** | о̶ + **Е** |
| | зда́**ние** | в зда́н**ии** | и̶е̶ + **ИИ** |
| ОНА | у́лиц**а** | на у́лиц**е** | а̶ + **Е** |
| | тетра́д**ь** | в тетра́д**и** | ь̶ + **И** |
| | Росс**и́я** | в Росс**и́и** | и̶я̶ + **ИИ** |

Write down the answers to the questions according to the model:

— Где нахо́дится Москва́? (Евро́па)

— *Москва́ нахо́дится в Евро́пе.*

1. Где нахо́дится То́кио? (Япо́ния) ..............................................................................

2. Где нахо́дится класс? (шко́ла) ..............................................................................

3. Где нахо́дится спортза́л? (университе́т) ..............................................................................

4. Где нахо́дится университе́т? (пло́щадь) ..............................................................................

5. Где нахо́дится преподава́тель? (аудито́рия) ..............................................................................

6. Где нахо́дится кни́га? (су́мка) ..............................................................................

7. Где нахо́дится упражне́ние? (страни́ца 12) ..............................................................................

8. Где нахо́дится студе́нт? (уро́к) ..............................................................................

9. Где нахо́дится Вьетна́м? (А́зия) ..............................................................................

10. Где нахо́дится За́мбия? (А́фрика) ..............................................................................

Write down the answers to the questions according to the model:

— Где вы живёте? (го́род)

— *Я живу́ в го́роде.*

1. Где вы живёте? (дере́вня) ..............................................................................

2. Где вы рабо́таете? (библиоте́ка) ..............................................................................

3. Где вы отдыха́ете? (рестора́н) ..............................................................................

4. Где вы гуля́ете? (парк) ..............................................................................

 Read the texts about dogs and say where they live?

ГДЕ ЖИВУ́Т СОБА́КИ?

РОССИ́Я

Здра́вствуйте! Я больша́я и си́льная соба́ка. Меня́ зову́т Русла́на. Я ру́сская борза́я. Я живу́ в Москве́. Москва́ — э́то большо́й го́род. Он нахо́дится в Росси́и. Я люблю́ бы́стро бе́гать.

ИСПА́НИЯ

ЛЮКСЕМБУ́РГ

ФРА́НЦИЯ

Приве́т! Я францу́зская боло́нка. Я краси́вая ма́ленькая соба́ка. Меня́ зову́т Симо́на. Я живу́ в Мадри́де. Э́тот го́род нахо́дится в Испа́нии.

До́брый день! Я пу́дель. Меня́ зову́т Ма́ртин. Я живу́ в Люксембу́рге. Я у́мный и до́брый. Я люблю́ игра́ть и танцева́ть. А ещё я люблю́ ходи́ть в сало́н красоты́.

Приве́т! Я неме́цкий шпиц. Меня́ зову́т Ама́лия. Я весёлая аккура́тная соба́ка и хоро́ший друг. Я живу́ в Пари́же. Э́тот го́род нахо́дится во Фра́нции.

ИТА́ЛИЯ

Приве́т, друзья́! Я живу́ в Ита́лии. Я йоркши́рский терье́р. Я о́чень ма́ленькая соба́ка. Меня́ зову́т Мо́ника. Когда́ на у́лице хо́лодно, я гуля́ю в пальто́.

ВЕЛИКОБРИТА́НИЯ

До́брый день! Я англи́йский бульдо́г. Я живу́ в Ло́ндоне, в Великобрита́нии. Меня́ зову́т Па́трик. Я ме́дленный и о́чень споко́йный. Я люблю́ спать до́ма на дива́не.

109

 Please, write down the answers to the questions. Try not to look into the text.

1. В какóй странé живёт рýсская борзáя Руслáна?

....................................................................................................

2. Где онá живёт: в Санкт-Петербýрге, в Вóлогде, в Краснодáре или в Москвé?

....................................................................................................

3. Где нахóдится Москвá?

....................................................................................................

4. Какáя собáка Руслáна: мáленькая или большáя и сильная?

....................................................................................................

5. Что лýбит дéлать Руслáна?

....................................................................................................

6. В какóй странé живёт францýзская болóнка?

....................................................................................................

7. Как её зовýт?

....................................................................................................

8. Где живёт Симóна: в Лиóне, в Барселóне, в Парúже или в Мадрúде?

....................................................................................................

9. Где нахóдится гóрод Мадрúд?

....................................................................................................

10. В какóй странé живёт пýдель Мáртин?

....................................................................................................

11. Что лýбит дéлать Мáртин?

....................................................................................................

12. Где живёт Мáртин: в Люксембýрге или в Итáлии?

....................................................................................................

13. В какóй странé живёт немéцкий шпиц?

....................................................................................................

14. Какóй порóды Амáлия?

....................................................................................................

15. Где живёт Амáлия: в Берлúне, в Мюнхене или в Парúже?

....................................................................................................

16. В какóй странé живёт Мóника?

....................................................................................................

17. Где живёт Мóника: в Венéции, во Флорéнции, в Рúме?

....................................................................................................

18. Кто живёт в Великобритáнии?

....................................................................................................

19. Что лýбит дéлать Пáтрик?

....................................................................................................

20. Где живёт Пáтрик: в Лос-Áнджелесе, в Пуэрто-Рúко или в Лóндоне?

....................................................................................................

 Now check your answers. Compare them with the phrases in the texts at the previous page. Choose any 7 questions and ask your partner. After that your partner will ask you his questions and you will have to answer.
Read the text of the tourist Vincente.

55

Меня́ зову́т Винсе́нт. Я тури́ст. Я испа́нец. Я живу́ в Барсело́не. Барсело́на о́чень краси́вый и зелёный го́род. Сейча́с я отдыха́ю в Москве́. Я живу́ в гости́нице в це́нтре го́рода. Э́то но́вая комфорта́бельная гости́ница. Здесь есть ую́тное кафе́, рестора́н, бассе́йн, кио́ск, ма́ленькая апте́ка, магази́ны, са́уна, фи́тнес-за́л, сало́н красоты́, мо́дный молодёжный клуб.

Вот мой план. Сего́дня у́тром я за́втракаю в кафе́ и е́ду на такси́ в музе́й. В музе́е я смотрю́ ста́рые ико́ны и ста́рые карти́ны. Пото́м я иду́ на́ реку и гуля́ю там. Я обе́даю в рестора́не. По́сле обе́да, в 3 часа́, я е́ду на экску́рсию. Ве́чером в гости́нице я слу́шаю му́зыку в джаз-ба́ре, у́жинаю в кафе́ и иду́ танцева́ть в клуб!

 Write down your answers to the questions:

1. Где живёт Винсе́нт?

   ...........................................................................................

2. Где Винсе́нт отдыха́ет сейча́с?

   ...........................................................................................

3. Кака́я э́то гости́ница?

   ...........................................................................................

4. Что де́лает Винсе́нт в гости́нице сего́дня у́тром?

   ...........................................................................................

5. Куда́ он е́дет на такси́?

   ...........................................................................................

6. Где он смо́трит карти́ны и ико́ны?

   ...........................................................................................

7. Куда́ он идёт пото́м и где он гуля́ет?

   ...........................................................................................

8. Куда́ он е́дет по́сле обе́да?

   ...........................................................................................

9. Где он слу́шает му́зыку ве́чером?

   ...........................................................................................

10. Куда́ Винсе́нт идёт танцева́ть?

   ...........................................................................................

11. Где он танцу́ет?

   ...........................................................................................

O чём? O ком? Где?

And now I will tell you about some other questions of the case № 6:

O ЧЁМ ты говори́шь? What are you talking about?

O КОМ ты ду́маешь? Who are you thinking about?

**Read the dialogue and guess what the friends are speaking about.**

— Приве́т, Анто́н!

— Здра́вствуй, Са́ша!

— Сего́дня в кинотеа́тре идёт но́вый францу́зский фильм.

— Это боеви́к, мелодра́ма и́ли коме́дия?

— Это весёлый музыка́льный фильм.

> — **О чём** говоря́т друзья́?
>
> — Они́ говоря́т **о фи́льме**.

| Pron. | ЧТО? КТО? (Case № 1) | | О ЧЁМ? О КОМ? (Case № 6) | |
|---|---|---|---|---|
| ОН | Это теа́тр. Это друг. | Я расска́зываю | о теа́тр**е** о дру́г**е** | |
| ОНО | Это о́зеро. Это зда́ние. | Я чита́ю | об о́зер**е** о зда́н**ии** | |
| ОНА | Это подру́га. Это Росси́я. Это жизнь. Это любо́вь. | Я ду́маю | о подру́г**е** о Росси́**и** о жи́зн**и** о любв**и́** | |

| Pronouns | |
|---|---|
| № 1 | № 6 |
| я | о́бо мне́ |
| ты | о тебе́ |
| он | о нём |
| она́ | о ней |
| мы | о нас |
| вы | о вас |
| они́ | о них |

**Look at the picture and read the text. Answer the questions.**

Это Анто́н и Са́ша. Они́ больши́е друзья́. Сейча́с они́ иду́т гуля́ть в парк. Анто́н, Са́ша и его́ соба́ка Ма́мбо лю́бят отдыха́ть в па́рке. Друзья́ лю́бят ходи́ть пешко́м. Анто́н и Са́ша иду́т и говоря́т о рыба́лке, о спо́рте, о «Фо́рмуле-1», о компью́тере, о програ́мме «Ворд», о са́йте «Фейсбу́к». Соба́ка Ма́мбо всё понима́ет, но не говори́т, она́ слу́шает и мечта́ет об о́тдыхе на реке́, о прогу́лке на я́хте, о пикнике́, о подру́ге Нэ́нси, об у́жине, о ко́сточке пе́ред сно́м.

Вопро́сы:

1. Куда́ иду́т друзья́ и соба́ка Ма́мбо? Они́ .................................................................

2. О чём говоря́т Анто́н и Са́ша ? Они́ .................................................................

3. О чём и о ком мечта́ет Ма́мбо? Она́ .................................................................

 Read the text. Answer the questions.

 Познако́мьтесь, э́то Серге́й. Сейча́с он живёт в Коре́е, в го́роде Сеу́ле. Он уже́ не студе́нт, он рабо́тает в кру́пной электро́нной фи́рме. Серге́й молодо́й тала́нтливый специали́ст, он программи́ст, о́чень лю́бит свою́ рабо́ту. Ка́ждый день он идёт на авто́бусную остано́вку пешко́м, пото́м е́дет 2 часа́: снача́ла на авто́бусе, пото́м на метро́ и на велосипе́де. Он не е́здит на рабо́ту на маши́не, он ду́мает об эколо́гии.

А э́то его́ жена́ Да́ша. Она́ не рабо́тает и не ду́мает об эколо́гии, она́ мечта́ет о но́вой маши́не и о шофёре. Ещё она́ мечта́ет о домрабо́тнице, об о́тдыхе на о́строве Маври́кий.

Серге́й и Да́ша ру́сские. Их родно́й го́род — Кострома́. Он нахо́дится в Росси́и. Там живу́т их роди́тели и друзья́. О чём мечта́ет Серге́й? Он мечта́ет об о́тпуске, об о́тдыхе до́ма, в Росси́и. Серге́й ча́сто ду́мает о роди́телях. Он ду́мает о Костроме́, о друзья́х, о попуга́е Ке́шке.

Вопро́сы:

1. Где живёт и рабо́тает Серге́й? .............................................

2. Како́й Серге́й специали́ст? ..............................................

3. Куда́ Серге́й идёт ка́ждый день пешко́м? .......................

4. Куда́ он е́дет 2 часа́? ....................................................

5. На чём Серге́й е́дет на рабо́ту? .......................................

6. Где рабо́тает Да́ша? ....................................................

7. О чём не ду́мает Да́ша? ................................................

8. О чём Да́ша мечта́ет? ..................................................

9. О ком мечта́ет Да́ша? ..................................................

10. Где мечта́ет отдыха́ть Да́ша? .......................................

11. О чём мечта́ет Серге́й? ..............................................

12. Где мечта́ет отдыха́ть Серге́й? ....................................

13. О ком ду́мает Серге́й? ...............................................

14. Где Серге́й и Да́ша живу́т в Росси́и? ............................

Pay attention to the transport, which helps you to move. Memorize it straight away!

| ЧТО? | ÉХАТЬ НА + трáнспорт | |
|---|---|---|
| автóбус<br>пóезд<br>трамвáй<br>метрó<br>машúна | я éду<br>ты éдешь<br>он éдет<br>мы éдем<br>вы éдете<br>онú éдут | на автóбус**е**<br>на пóезд**е**<br>на трамвá**е**<br>на метр**ó**<br>на машúн**е** |

What other kinds of transport can you use?

Мы éдем на троллéйбус**е**, на мотоцúкл**е**, на квадроцúкл**е**, на велосипéд**е**, на велорúкш**е**, на автомобúл**е**, на таксú.

*Imagine:* **Crossroads. The traffic light is on red. An unexpected meeting.**

*Вы:* Жóрик, какáя приятная встрéча! Кудá вы éдете на машúне?

*Жóрик:* Это моя нóвая машúна! Я éду на машúне нá реку.

А кудá вы éдете на велосипéде? В университéт?

*Вы:* Я éду на велосипéде ..........................................

Read the text and put (write down) your own questions.
After that choose five of them and ask your partner.

В суббóту и в воскресéнье Сергéй не рабóтает. Ýтром он éдет на велосипéде в парк, а Дáша éдет на велосипéде в бассéйн. Сергéй бéгает в пáрке 30 минýт, а потóм éдет в бассéйн. В бассéйне Дáша и Сергéй вмéсте плáвают 30–40 минýт, а потóм вмéсте éдут на велосипéдах домóй.

Дóма онú зáвтракают и смóтрят телевúзор. Онú смóтрят канáл «Россúя». Онú любят смотрéть передáчу «Дóброе ýтро». В передáче «Дóброе ýтро» говорят обо всём: о погóде, о мóде, о полúтике, об эконóмике, о наýке, о живóтных, о людях, о худóжниках, о музыкáнтах.

Днём Сергéй и Дáша éдут на машúне отдыхáть úли в гóры, úли на мóре, úли на бéрег океáна. Там онú живýт в гостúнице. Дáша не любит жить в палáтке úли в кéмпинге.

В воскресéнье вéчером онú éдут на машúне домóй.

You have written very interesting questions about Sergei and Dasha's weekend. You know very well what they usually do every Saturday and Sunday. Please, write down a little story about yourself (where and how you spend your weekend).

## КОРОБЕ́ЙНИКИ

Слова́ Н. Некра́сова

«Ой, полна́, полна́ моя́ коро́бушка,
Есть и си́тец, и парча́,
Пожале́й, моя́ зазно́бушка,
Молоде́цкого плеча́!

Пойду́ вы́йду в рожь высо́кую,
Там до но́чки погожу́,
А зави́жу черноо́кую —
Все това́ры разложу́»…

Всё покла́ла ненагля́дная
В ко́роб, кро́ме перстенька́:
«Не хочу́ ходи́ть наря́дная
Без серде́чного дружка́!»

https://youtu.be/KV6WxjLBU90

*Listen, learn and sing a song.*

# CAT'S TIP № 18.    Case № 2. Who has something? What things don't you have? Whose is it? Where are you from?
## ПОДСКАЗКА № 18. Падеж № 2. У кого есть? Чего нет? Чей? Откуда?

Dear friends! Case № 2 is used in the Russian language very often. Look at the picture and read the questions:

1. *У кого?*
2. *Нет чего?*
3. *Нет кого?*

There are some other functions of this case. Though today we are going to study these three functions only. For example:

| | | | |
|---|---|---|---|
| **У кого** есть что? | Who has something? | **У кого** есть кто? | Who has somebody? |
| У меня есть гитара. | I have a guitar. | У тебя есть сестра. | You have a sister. |
| У Антона есть телефон. | Anton has a telephone. | У Анны есть подруга. | Anna has a girlfriend. |

***Look at the first table and remember the endings of nouns and pronouns.***

***Attention: pronouns and OH-nouns have the same forms in case № 2***

***like in case № 4 (see p. 103):***

| Pronouns | | Pron. | Nouns | | Endings |
|---|---|---|---|---|---|
| Кто? (Case № 1) | У кого? (Case № 2) | | Кто это? (Case № 1) | **У кого** есть? (Case № 2) | |
| я | у меня | ОН | брат | У брат**а** | **-а** |
| ты | у тебя | | Это преподаватель | У преподавател**я** есть | **-я** |
| он | у него | | Андрей | У Андре**я** машина. | |
| она | у неё | ОНА | мама | У мам**ы** | **-ы** |
| мы | у нас | | Это подруга | У подруг**и** есть | **-и** |
| вы | у вас | | тётя | У тёт**и** брат. | |
| они | у них | | | | |

I have two more tables for you at the next page. Please, study them carefully and you will be able to answer these important questions:

| | |
|---|---|
| У кого **нет чего?** | Who does not have something? |
| У Борис**а** нет учебник**а**. | Boris does not have a textbook. |
| У кого **нет кого?** | Who does not have somebody? |
| У Марин**ы** нет сестр**ы**. | Marina does not have a sister. |

Look at the first picture.
You can see an island in the ocean.

**Кто здесь есть?**

Здесь есть:

КТО?

тигр
слон
турист
обезья́на
коза́
оле́нь

Look at the second picture.
You can see an uninhabited island.

**Кого́ здесь нет?**

Здесь нет:

КОГО́?

ти́гр**а**
слон**а́**
тури́ст**а**
обезья́н**ы**
коз**ы́**
оле́н**я**

## Look at the second table and learn the endings:

| Pron. | У кого́ **есть** что? (№ 2)      (№ 1) | У кого́ **нет** чего? (№ 2)      (№ 2) | Endings |
|-------|----------------------------------------|----------------------------------------|---------|
| ОН | У меня́ есть каранда́ш. | У меня́ нет **карандаша́**. | **-а** |
|    | У тебя́ есть слова́рь. | У тебя́ нет **словаря́**. | **-я** |
| ОНО | У него́ есть кольцо́. | У него́ нет **кольца́**. | **-а** |
|     | У неё есть пече́нье. | У неё нет **пече́нья**. | **-я** |
| ОНА | У нас есть ла́мпа. | У нас нет **ла́мпы**. | **-ы** |
|     | У вас есть ру́чка. | У вас нет **ру́чки**. | **-и** |
|     | У них есть фотогра́фия. | У них нет **фотогра́фии**. | **-ии** |

117

## Look at the third table and remember the endings:

| Pron. | У кого **есть** кто? (№ 2)  (№ 1) | У кого **нет** кого? (№ 2)  (№ 2) | Endings |
|---|---|---|---|
| ОН | У бра́та есть друг.<br>У сестры́ есть муж.<br>У подру́ги есть кот.<br>У Ива́на есть преподава́тель. | У бра́та нет дру́г**а**.<br>У сестры́ нет му́ж**а**.<br>У подру́ги нет кот**а́**.<br>У Ива́на нет преподава́тел**я**. | **-а**<br><br>**-я** |
| ОНА | У Бори́са есть сестра́.<br>У Мари́ны есть ба́бушка.<br>У Макси́ма есть тётя.<br>У де́вочки есть соба́ка. | У Бори́са нет сестр**ы́**.<br>У Мари́ны нет ба́бушк**и**.<br>У Макси́ма нет тёт**и**.<br>У де́вочки нет соба́к**и**. | **-ы**<br><br>**-и** |

 Dear friends! Now I would like to tell you a fairy tale. It is a very old Russian story. It is called "A porridge made of an ax". At first read it in English and after that read the dialogues in Russian. I hope, you will understand and enjoy it.

While reading the text:

1) underline with blue colour all the words, which answer the questions:

**У кого́** есть кто**? У кого́** есть что**?**

2) underline with red colour all the words, which answer the questions:

У кого́ **нет кого́?** У кого́ **нет чего́?**

3) underline with green colour all the words, which answer a new questions of the case № 2:

Что **из чего?**

4) underline with black colour all the words, which answer a new questions of the case № 2 with black colour:

Дай **немного чего?**


### КА́ША ИЗ ТОПОРА́
### A PORRIDGE MADE OF AN AXE


Many years ago, soldiers served in the Russian army for 25 years. After the end of their military service they usually returned home on foot. It was a long journey. Kind people, who met old soldiers on the road, invited them into their houses in order to let soldiers stay overnight and to share food with them. This story is about a greedy old woman and a clever soldier. So, please, listen…

Once upon a time a soldier was returning home. He went on foot for a long time and he was very tired and hungry. The soldier saw a rich house in the village.

It belonged to an old woman. She was standing on the porch, the cat was sleeping on a bench and chickens were pecking grain.

The soldier said to the woman: "Good afternoon, kind woman! May I stay at your house and have a rest? Can you give me something to eat?" The old woman was very greedy, but she could not deny the soldier's request. She knew that people must help soldiers, because they are defenders of the country.

So, the old woman invited the soldier to her house, but she decided to give him water only.

Солда́т: Я до́лго шёл по доро́ге и уста́л. Я хочу́ есть. У тебя́ есть хлеб?

Дай, пожа́луйста, немно́го хле́ба!

Стару́ха: Извини́, солда́т, у меня́ ничего́ нет. У меня́ нет хле́ба.

Солда́т: У тебя́ есть молоко́? Дай, пожа́луйста, немно́го молока́!

Стару́ха: У меня́ нет молока́.

Солда́т: У тебя́ есть колбаса́?

Стару́ха: Нет, солда́т, у меня́ нет колбасы́.

Солда́т: У тебя́ есть лук, морко́вь и́ли капу́ста?

Стару́ха: У меня́ нет лу́ка, нет морко́ви, нет капу́сты.

Солда́т: У тебя́ есть сыр?

Стару́ха: У меня́ нет сы́ра.

Солда́т: У тебя́ есть я́блоко?

Стару́ха: У меня́ нет я́блока.

Солда́т: А ры́ба у тебя́ есть?

Стару́ха: Нет, у меня́ нет ры́бы.

Солда́т: Что же де́лать? Я о́чень хочу́ есть!

Стару́ха: У меня́ есть вода́. Хо́чешь пить?

Солда́т: Я не хочу́ пить, я хочу́ есть.

*Солда́т:* Стару́ха, а у тебя́ есть топо́р?

*Стару́ха:* Что? Что? Топо́р? Да. У меня́ есть топо́р.

*Солда́т:* Дай, пожа́луйста, топо́р! Я хочу́ свари́ть ка́шу из топора́.

*Стару́ха:* Ты хо́чешь свари́ть ка́шу из топора́? О́чень стра́нно. Вот топо́р.

*Солда́т:* Стару́ха, у тебя́ есть кастрю́ля?

*Стару́ха:* Что? Кастрю́ля? Кастрю́ля у меня́ есть. Вот кастрю́ля.

*Стару́ха:* О́чень стра́нно. Топо́р в кастрю́ле.

*Солда́т:* Стару́ха, я зна́ю, вода́ у тебя́ есть. Дай немно́го воды́!

*Стару́ха:* Пожа́луйста, солда́т, вот вода́.

*Солда́т:* У тебя́ есть крупа́? Дай, пожа́луйста, немно́го крупы́!

*Стару́ха:* Вот крупа́...

*Солда́т:* Стару́ха, у тебя́ есть соль?

*Стару́ха:* Соль есть. Вот соль.

*Солда́т:* А ма́сло у тебя́ есть? Дай, пожа́луйста, немно́го ма́сла!

*Стару́ха:* Вот ма́сло.

*Солда́т:*  Стару́ха, ка́ша гото́ва! Сади́сь, сейча́с мы бу́дем есть ка́шу из топора́!

*Стару́ха:* Ах, кака́я вку́сная ка́ша из топора́!

*Солда́т:*  Да, о́чень вку́сная ка́ша из топора́!

*Стару́ха:* Я не зна́ла, что мо́жно свари́ть ка́шу из топора́! Спаси́бо, солда́т!

Вот ры́ба, хлеб, колбаса́, огурцы́. Ешь, пожа́луйста!

*Солда́т:*  Спаси́бо, стару́ха!

 I hope you liked the story. Please, remember every time when you say that you don't have something, use case № 2.

And now it's time for a role play:

1. Play the roles of the soldier and the old woman with your partner.

2. Write down the words, which you underlined with red.

3. Compare your words with the words underlined by your partner.

.................................................................

.................................................................

.................................................................

.................................................................

.................................................................

.................................................................

.................................................................

.................................................................

 Do you remember the name of the story? «Каша из топора». We always use case № 2 after the preposition «**из**».

| Что э́то? | Из чего́? |
| --- | --- |
| топо́р | из топора́ |
| ма́сло | из ма́сла |
| вода́ | из воды́ |
| морко́вь | из морко́ви |

**Write down according to the model:**

Бульо́н — мя́со. *Бульо́н из мя́са.*

Ка́ша — рис. ...........................................................................

Бульо́н — ку́рица. ...................................................................

Суп — ры́ба. .........................................................................

Котле́та — мя́со. ...................................................................

Гарни́р — карто́фель. .............................................................

Омле́т — яйцо́. .......................................................................

Сала́т — сыр, я́блоко. .............................................................

Сала́т — помидо́р, огуре́ц. ......................................................

Сала́т — капу́ста, лук. ............................................................

Сок — апельси́н. ....................................................................

Сок — лимо́н. .......................................................................

Сок — морко́вь. .....................................................................

 Tell me, please, what is your favorite dish? (Како́е ва́ше люби́мое блю́до?)

What ingredients do you use to cook your favorite dish? (**Из чего́** мо́жно пригото́вить ва́ше люби́мое блю́до?)

As for me...

Моё люби́мое блю́до — э́то борщ. Его́ мо́жно пригото́вить из мя́са, капу́сты, карто́феля, морко́ви, лу́ка, тома́та, свёклы, чеснока́, воды́ и смета́ны.

Э́то о́чень вку́сно!

**And what about you? Write down your answer.**

...................................................................................................

...................................................................................................

...................................................................................................

**CAT'S TIP № 19.** **Case № 2. Where are you from? Whose? (Whom does it belong to?)**

**ПОДСКАЗКА № 19.** **Падеж № 2. Откуда? Чей? Чья? Чьё? Чьи?**

Ladies and gentlemen! Today we continue to study case № 2. We are going to learn the following questions: «**Откуда?**» (Where did you come from?) and «**Чей? Чья? Чьё? Чьи?**» (Whose?).

Let's begin with the question «**Откуда?**».

Our life is motion. Every day we go somewhere, and after that we return home or to a hotel.

When you come home by car (or by any other kind of transport), you might hear a question:

«**Откуда вы приехали?**» (Where did you come from?)

When you come back by foot (without any transport), you might hear this question: «**Откуда вы пришли?**» (Where did you come (walk) from?) Answering this question, you need to use the names of different places in the case № 2.

| Places and events | ОТКУ́ДА ВЫ ПРИЕ́ХАЛИ? ОТКУ́ДА ВЫ ПРИШЛИ́? | | |
|---|---|---|---|
| университе́т музе́й | Я прие́хал Я прие́хала | **из** университе́т**а**. **из** музе́**я**. | |
| шко́ла аудито́рия | Я пришёл Я пришла́ | **из** шко́л**ы**. **из** аудито́р**ии**. | |
| вокза́л стадио́н у́лица пло́щадь | Я прие́хал Я прие́хала | **с** вокза́л**а**. **со** стадио́н**а**. **с** у́лиц**ы**. **с** пло́щад**и**. | ОН  -а/-я ОНА  -ы / -и, -ии |
| уро́к конце́рт рабо́та ле́кция | Я пришёл Я пришла́ | **с** уро́к**а**. **с** конце́рт**а**. **с** рабо́т**ы**. **с** ле́кц**ии**. | |

Did you notice that we use two different prepositions: «**из**» and «**с**»? When do we use them? Remember! Usually we use the preposition «**из**». For example: **Я пришёл из** ба́нка. But if you came from an open place (ры́нок, стадио́н) or from an event (конце́рт, уро́к), you should use the preposition «**с**» instead of «**из**».

For example: **Я пришёл с** ры́нка. **Я пришёл с** конце́рта.

Now, please, read the texts, answer the questions and write down your answers.

Вчера́ ве́чером мы е́здили на маши́не в рестора́н у́жинать. Э́то о́чень изве́стный и о́чень дорого́й рестора́н. Он нахо́дится в це́нтре го́рода. Рестора́н называ́ется «Европе́йский». Там прия́тная атмосфе́ра и о́чень вку́сно гото́вят ра́зные европе́йские блю́да. Из рестора́на домо́й мы прие́хали по́здно.

Скажи́те, **куда́** они́ е́здили у́жинать вчера́ ве́чером?

*Вы:* ..........................................................................................................

Скажи́те, **когда́** они́ е́здили у́жинать в рестора́н?

*Вы:* ..........................................................................................................

Скажи́те, **на чём** они́ е́здили в рестора́н?

*Вы:* ..........................................................................................................

Скажи́те, **како́й** э́то рестора́н?

*Вы:* ..........................................................................................................

Скажи́те, **кака́я** атмосфе́ра в рестора́не?

*Вы:* ..........................................................................................................

Скажи́те, **каки́е** блю́да гото́вят в рестора́не «Европе́йский»?

*Вы:* ..........................................................................................................

Скажи́те, **отку́да** они́ по́здно прие́хали домо́й?

*Вы:* ..........................................................................................................

Никола́й — бизнесме́н. Сего́дня ра́но у́тром он ходи́л в банк. Мо́жет быть, у Никола́я в ба́нке есть пробле́мы? Нет, у него́ всё хорошо́. В ба́нке у него́ нет пробле́м. Никола́й пришёл из ба́нка в о́фис и сейча́с рабо́тает на компью́тере. У Никола́я но́вый компью́тер.

1. **Когда́** Никола́й ходи́л в банк? ...................................................................

2. **У кого́** в ба́нке нет пробле́м? ...................................................................

3. **Отку́да** Никола́й пришёл в о́фис? .............................................................

4. **Что** Никола́й де́лает сейча́с? .....................................................................

5. **Чей** компью́тер но́вый? ..............................................................................

6. **У кого́** но́вый компью́тер? ..........................................................................

 Dear friends! These dogs came to Russia from different countries of Europe. They came to the World exhibition. Look at the train and read the names of their cities.

| Париж | Рим | Мадрид | Лондон | Люксембург |

 Now, please, read the exercise and answer my question: «Где нахо́дятся э́ти города́?» (Where are these cities?) Write down the correct endings.

Пари́ж нахо́дится во Фра́нц......., Рим нахо́дится в Ита́л......., Мадри́д нахо́дится в Испа́н......., Ло́ндон нахо́дится в Великобрита́н......., Люксембу́рг нахо́дится в Люксембу́рг........ Все э́ти города́ нахо́дятся в Евро́п........

 My second question is very difficult:

«Отку́да э́ти соба́ки прие́хали на вы́ставку в Росси́ю?» (Where did these dogs come from?) But I am sure that you will answer this question correctly if you study the table below.

| Pron. | Countries and cities | ОТКУ́ДА ВЫ ПРИЕ́ХАЛИ? | | Endings |
|---|---|---|---|---|
| ОН | Эквадо́р | | Эквадо́ра. | |
| | Кита́й | | Кита́я. | |
| | Санкт-Петербу́рг | Я прие́хал из | Санкт-Петербу́рга. | -а, -я |
| | Ло́ндон | Я прие́хала из | Ло́ндона. | -ы, -и, |
| ОНА | Ме́ксика | | Ме́ксики. | -ии |
| | Москва́ | | Москвы́. | |
| | Фра́нция | | Фра́нции. | |

 When you came from an island (Мадагаска́р, Ку́ба), you must use the prepo- sition «с» instead of «из».

For example:

Я прие́хал с Мадагаска́ра. Я прие́хал с Ку́бы.

Я прие́хала с Хокка́йдо. Я прие́хала с Сахали́на.

**НА — С**
**В — ИЗ**

126

 Read the text below and underline the cities and the countries, where the dogs came from:

> ## ВЫ́СТАВКА СОБА́К
> (Exhibition of dogs)
>
> ## ДОБРО́ ПОЖА́ЛОВАТЬ В РОССИ́Ю!
> (Welcome to Russia!)

**Мо́ника**

**Симо́на**

**Ма́ртин**

**Русла́на**

**Па́трик**

**Ама́лия**

 Вы уже́ зна́ете, кто я. Меня́ зову́т Русла́на. Я ру́сская борза́я. Я живу́ в Москве́. Росси́я — моя́ родна́я страна́. А э́то мои́ друзья́. Все они́ живу́т в Евро́пе. А сейча́с они́ прие́хали в Росси́ю на вы́ставку. Па́трик прие́хал из Великобрита́нии, из го́рода Ло́ндона. Ма́ртин прие́хал из Люксембу́рга. А э́то мои́ подру́ги: Симо́на, Мо́ника и Ама́лия. Симо́на прие́хала из Испа́нии, из Мадри́да. Ама́лия прие́хала из Фра́нции, из го́рода Пари́жа. Мо́ника прие́хала из Ита́лии, из Ри́ма. Я о́чень ра́да, что все мои́ друзья́ прие́хали сюда́.

*Русла́на:* Напиши́те, пожа́луйста, отку́да прие́хали мои́ друзья́?

Па́трик прие́хал *из Великобрита́нии, из Ло́ндона.*

Симо́на прие́хала .......................................................................................................

Ма́ртин прие́хал ........................................................................................................

Ама́лия прие́хала .......................................................................................................

Мо́ника прие́хала .......................................................................................................

And what about you? Are you a tourist? Are you a foreign student? Or maybe you work here as a foreign specialist? Please, tell me what country and which city you came from.

Скажи́те, пожа́луйста, отку́да вы прие́хали?

| *Вы:* | Я прие́хал(а) ................................................................................. |
|---|---|
| *Magician:* | Now ask your partners. |
| *Вы:* | Отку́да вы прие́хали? |
| *Ваш партнёр:* | ................................................................................. |

Imagine that we are at the international football world championship. You are a journalist. You need to begin your report. Read the list of participants and write down the information: where all the teams came from. Look at the table and write down the answers according to the model:

| СТРАНА́ (country) | | КОМА́НДА ПРИЕ́ХАЛА (the team came) | ОТКУ́ДА (where from) |
|---|---|---|---|
| Russia | Росси́я | Росси́йская кома́нда прие́хала | из Росси́и. |
| England | А́нглия | Англи́йская кома́нда прие́хала | |
| Bulgaria | Болга́рия | Болга́рская кома́нда прие́хала | |
| Germany | Герма́ния | Неме́цкая кома́нда прие́хала | |
| Greece | Гре́ция | Гре́ческая кома́нда прие́хала | |
| Georgia | Гру́зия | Грузи́нская кома́нда прие́хала | |
| Spain | Испа́ния | Испа́нская кома́нда прие́хала | |
| Italy | Ита́лия | Италья́нская кома́нда прие́хала | |
| Kazakhstan | Казахста́н | Казахста́нская кома́нда прие́хала | |
| Latvia | Ла́твия | Латви́йская кома́нда прие́хала | |
| Macedonia | Македо́ния | Македо́нская кома́нда прие́хала | |
| Poland | По́льша | По́льская кома́нда прие́хала | |
| Portugal | Португа́лия | Португа́льская кома́нда прие́хала | |
| Romania | Румы́ния | Румы́нская кома́нда прие́хала | |
| Turkey | Ту́рция | Туре́цкая кома́нда прие́хала | |
| Ukraine | Украи́на | Украи́нская кома́нда прие́хала | |
| France | Фра́нция | Францу́зская кома́нда прие́хала | |
| Estonia | Эсто́ния | Эсто́нская кома́нда прие́хала | |

Dear friends, I would like to show you one more situation when we use case № 2. If we don't know the owner of something, we usually ask: "Whose thing is it?" As you remember, there are 4 variants of the word "whose" according to the gender and plural form of the noun.

**Чей** это фотоаппара́т?

**Чья** это су́мка?

**Чьё** это письмо́?

**Чьи** это кни́ги?

When you answer these questions, use the case № 2 for the names of people:

Ива́н

Алексе́й

Тама́ра

Ка́тя

— Чей это мяч?

— Это **мяч**
**Ива́на**.

— Чья это балала́йка?

— Это **балала́йка**
**Алексе́я**.

— Чьё это пиани́но?

— Это **пиани́но**
**Тама́ры**.

— Чьи это тетра́ди?

— Это **тетра́ди**
**Ка́ти**.

 Write down your own phrases according to the model:

телефо́н — Бори́с. *Это телефо́н Бори́са.*

маши́на — Анто́н. ........................................................................

пальто́ — Мари́на. ........................................................................

ключи́ — Макси́м. ........................................................................

ку́ртка — Никола́й. ........................................................................

ноутбу́к — Та́ня. ........................................................................

компью́тер — брат. ........................................................................

пла́тье — сестра́. ........................................................................

1. Read the dialogue and the text.

2. Answer the questions.

3. Write down short answers.

*Ве́ра:* Степа́н Петро́вич, вы е́дете отдыха́ть и́ли в командиро́вку?

*Степа́н Петро́вич:* Я е́ду отдыха́ть в Испа́нию.

*Ве́ра:* Счастли́вого пути́! Жела́ю хоро́шего о́тдыха!

*Степа́н Петро́вич:* Спаси́бо, Ве́ра.

Э́то Ве́ра и её сосе́д Степа́н Петро́вич.

Степа́н Петро́вич идёт из до́ма на у́лицу. На у́лице его́ ждёт такси́. У него́ в рука́х два чемода́на. Его́ чемода́ны тяжёлые. Он пое́дет на вокза́л на такси́.

Ве́ра прие́хала с вокза́ла на авто́бусе. Сейча́с Ве́ра идёт домо́й с остано́вки авто́буса. У неё в рука́х две су́мки. Су́мки Ве́ры лёгкие.

Вопро́сы:

1. Кого́ мы ви́дим? ............................................................................

2. Отку́да идёт Степа́н Петро́вич? ............................................................

3. Куда́ идёт Степа́н Петро́вич? ............................................................

4. У кого́ в рука́х два чемода́на? ............................................................

5. Чьи чемода́ны тяжёлые? ............................................................

6. Куда́ он пое́дет на такси́? ............................................................

7. На чём он пое́дет на вокза́л? ............................................................

8. Отку́да идёт Ве́ра? ............................................................

9. У кого́ в рука́х две су́мки? ............................................................

10. Чьи су́мки лёгкие? ............................................................

11. Куда́ Ве́ра идёт сейча́с? ............................................................

12. Отку́да прие́хала Ве́ра? ............................................................

13. На чём Ве́ра прие́хала с вокза́ла? ............................................................

## У ЗАРИ́-ТО, У ЗО́РЕНЬКИ

Ру́сская наро́дная пе́сня

У зари́-то, у зо́реньки
Мно́го я́сных звёзд,
А у тёмной но́ченьки
Им и счёту нет.

Горя́т, горя́т звёздочки,
Пла́менно горя́т,
Моему́-то се́рдцу бе́дному
Что́-то говоря́т.

Говоря́т о ра́достях,
О проше́дших днях,
Говоря́т они́ о го́рестях,
Жизнь разби́вших в прах.

Звёзды, мои́ звёздочки,
По́лно вам сия́ть,
По́лно, по́лно вам проше́дшее
Мне напомина́ть!

https://youtu.be/8AXGRov9h0M

КАРАОКЕ ОТ ЖОРИКА

*Listen, learn and sing a song.*

Где вы бы́ли?
Что вы де́лали?

Ladies and gentlemen! If I ask you very simple questions: "Where were you?" and "What did you do?", I am sure that, instead of answering, you will ask me your own question: "When?"
Today I have invited Zhorik and Anfisa to our lesson. Let's ask them these questions and listen to their answers.

Жо́рик, скажи́, пожа́луйста, где ты был?
Что ты де́лал?

Когда́?

Анфи́са, где ты была́?
Что ты де́лала?

Когда́?

Dear friends, I would like to show you the adverbs of time, which will help you to answer the question: "When?" You will be able to ask questions and answer them easily. Please, study the tables carefully and try to learn them. There is so much information in the tables, that it would be rather difficult to memorize everything at once. Remember the page number so you can check yourself later if you need to.

| | | | |
|---|---|---|---|
| | | у́тром | in the morning |
| сего́дня | today | днём | in the afternoon |
| вчера́ | yesterday | ве́чером | in the evening |
| | | но́чью | at night |

## DAYS OF THE WEEK (CASE № 4)

| | | | |
|---|---|---|---|
| в понеде́льник | on Monday | в про́шл**ый** понеде́льник | last Monday |
| во вто́рник | on Tuesday | в про́шл**ый** вто́рник | last Tuesday |
| в сре́ду | on Wednesday | в про́шл**ую** сре́ду | last Wednesday |
| в четве́рг | on Thursday | в про́шл**ый** четве́рг | last Thursday |
| в пя́тницу | on Friday | в про́шл**ую** пя́тницу | last Friday |
| в суббо́ту | on Saturday | в про́шл**ую** суббо́ту | last Saturday |
| в воскресе́нье | on Sunday | в про́шл**ое** воскресе́нье | last Sunday |

Now let's make some dialogues together, using these tables. Do you remember that we have already studied case № 6 and the question: "Where?" If you forgot a little, do not be lazy, go back to CAT'S TIP № 17 and revise that grammar topic. Have you revised it already? Fine! Now read the dialogues.

*Жо́рик:* Скажи́те, где вы бы́ли вчера́ у́тром?

*Вы:* Вчера́ у́тром я был в библиоте́ке. Жо́рик, а где ты был в суббо́ту днём?

*Жо́рик:* В суббо́ту днём я был в бассе́йне.

*Жо́рик:* Анфи́са, где ты была́ в про́шлое воскресе́нье ве́чером?

*Анфи́са:* В про́шлое воскресе́нье ве́чером я была́ в гости́нице.

Жо́рик, а где ты был в про́шлую пя́тницу днём?

*Жо́рик:* В про́шлую пя́тницу днём я был в университе́те.

And now, please, write down your own dialogues, using these models and tables.

*А:* ...............................................................................................

*Б:* ...............................................................................................

...............................................................................................

*А:* ...............................................................................................

*А:* ...............................................................................................

*Б:* ...............................................................................................

...............................................................................................

*А:* ...............................................................................................

133

Dear friends! Sometimes you need to use numbers when you speak about events, which happened to you in the past. You did something several years, months, weeks, days or minutes ago. How can you use these words with different numbers? You must know that the endings of nouns depend on the gender and on the number of the months and days. That is why at first we will speak about **years**, **months** and **days**. All these words (год, мéсяц, день) are masculine gender nouns. It is very important to know whether you speak about **1** month, **2–3–4** months or **5** months and more in Russian. Look at the tables and you will see why it is so.

| A MONTH AGO | |
|---|---|
| мéсяц назáд | 1 month ago |
| 2 (два) мéсяца назáд | 2 months ago |
| 3 мéсяца назáд | 3 months ago |
| 4 мéсяца назáд | 4 months ago |
| 5, 6, 7... мéсяцев назáд | 5, 6, 7... months ago |

| A DAY AGO | |
|---|---|
| день назáд | 1 day ago |
| 2 (два) дня назáд | 2 days ago |
| 3 дня назáд | 3 days ago |
| 4 дня назáд | 4 days ago |
| 5, 6, 7... дней назáд | 5, 6, 7... days ago |

When we speak about 1 year, week, minyte, we use the case № 4. When we speak about 2–3–4 **years**, the words have the ending **-a** (like months) we use case № 2. But when we speak about 5 years or more, we don't change the ending. We use another word «5 **лет**». «Лéто» means "summer". Many years ago Russian used this word instead of the word "year" (год).

| A YEAR AGO | |
|---|---|
| год назáд | 1 year ago |
| 2 (два) гóда назáд | 2 years ago |
| 3 гóда назáд | 3 years ago |
| 4 гóда назáд | 4 years ago |
| 5, 6, 7... лет назáд | 5, 6, 7... years ago |

Let's speak about **weeks** and **minutes**. They are of feminine gender. That is why their endings are different. Pay attention to the forms of numeral 2. It is special for feminine.

| A WEEK AGO | |
|---|---|
| недéлю назáд | 1 week ago |
| 2 (две) недéли назáд | 2 weeks ago |
| 3 недéли назáд | 3 weeks ago |
| 4 недéли назáд | 4 weeks ago |
| 5, 6, 7... недéль назáд | 5, 6, 7... weeks ago |

| A MINUTE AGO | |
|---|---|
| минýту назáд | 1 min ago |
| 2 (две) минýты назáд | 2 min ago |
| 3 минýты назáд | 3 min ago |
| 4 минýты назáд | 4 min ago |
| 5, 6, 7... минýт назáд | 5, 6, 7... min ago |

Read the dialogues, questions and answers below.

> *Алексей:* Юля, ты была́ в фи́тнес-клу́бе три дня наза́д?
> *Юля:* Да, я там была́.

Вопро́сы:

1. Где была́ Юля три дня наза́д?
2. Когда́ Юля была́ в фи́тнес-клу́бе?

Отве́ты:

Она́ была́ в фи́тнес-клу́бе.
Она́ была́ там три дня наза́д.

Answer the questions. Write down your answers.

> *Пётр:* Бори́с, ты был на стадио́не три дня наза́д?
> *Бори́с:* Да, я там был.

Вопро́сы:

1. Где был Бори́с неде́лю наза́д?
2. Когда́ Бори́с был на стадио́не?

Отве́ты:

.................................................

.................................................

Make your own questions and answers for the dialogue and write them down.

> *Ли́за:* Ксе́ния, где ты была́ ме́сяц наза́д?
> *Ксе́ния:* Ме́сяц наза́д я была́ в дере́вне.

Вопро́сы:

1. .............................................
2. .............................................

Отве́ты:

.................................................

.................................................

At first make your own dialogue, then write down your questions and answers.

> *А:* ................................... ?
> *Б:* ................................... .

Вопро́сы:

1. .............................................
2. .............................................

Отве́ты:

.................................................

.................................................

Познакомьтесь,

это Артур и Степан.

Они друзья.

В прошлую субботу и в прошлое воскресенье Степан был в деревне у бабушки и дедушки. У них есть дом и сад.

Степан любит бабушку и дедушку. Вчера вечером Степан приехал из деревни домой.

Скажите, где был Степан в прошлую субботу и в прошлое воскресенье?

Ответ: ...............................................................................................

Скажите, когда Степан был у бабушки и дедушки?

Ответ: ...............................................................................................

Скажите, откуда приехал Степан вчера вечером?

Ответ: ...............................................................................................

Артур никуда не ездил. В прошлую субботу утром он ходил в аптеку. В аптеке он купил лекарство и витамины. В субботу днём Артур был в кафе. Там есть вкусное мороженое, вкусные фруктовые коктейли, горячие и холодные напитки, пирожные и разные бутерброды.

А в воскресенье Артур был в музее. Там была интересная выставка.

Скажите, где был Артур в прошлую субботу утром?

Ответ: ...............................................................................................

Скажите, где Артур был в субботу днём?

Ответ: ...............................................................................................

Скажите, где был Артур в воскресенье?

Ответ: ...............................................................................................

Скажите, где была интересная выставка?

Ответ: ...............................................................................................

You have perfectly fulfilled your task. Now we start learning the second part of our lesson. How to answer the question: «Что вы де́лали?» For example: "What did you do yesterday morning?" So, I must show you how to form the Past Tense of Russian verbs. If you were attentive, I hope you have already guessed that the main letter for formation of the Past Tense is the letter «Л». Please, remember that the endings of the verbs in the Past Tense depend on the gender (он, она́, оно́) and the number (plural — они́). Read the table and you will understand the rule easily.

— Анто́н! Где ты был вчера́?

— Я **был** в шко́ле.

— Ни́на! Где ты была́ вчера́?

— Я **была́** в магази́не.

— Ка́тя и Бори́с! Где вы бы́ли вчера́?

— Мы **бы́ли** в па́рке.

— Макси́м! Что ты де́лал вчера́?

— Я **рабо́тал**.

— Мари́на! Что ты де́лала вчера́?

— Я **рабо́тала**.

— Ма́ша и Стас! Что вы де́лали вчера́?

— Мы **рабо́тали**.

| Infinitive: БЫ**ТЬ** | |
|---|---|
| Past Tense: БЫ... + **-Л**, **-ЛА**, **-ЛИ** | |
| Я    (if i am a man) <br> ТЫ  (if you are a man) <br> ОН | был |
| Я    (if I am a woman) <br> ТЫ  (if you are a woman) <br> ОНА́ | была́ |
| МЫ <br> ВЫ <br> ОНИ́ | бы́ли |

| Infinitive: РАБО́ТА**ТЬ** | |
|---|---|
| Past Tense: РАБО́ТА... + **-Л**, **-ЛА**, **-ЛИ** | |
| Я    (if I am a man) <br> ТЫ  (if you are a man) <br> ОН | рабо́тал |
| Я    (if I am a woman) <br> ТЫ  (if you are a woman) <br> ОНА́ | рабо́тала |
| МЫ <br> ВЫ <br> ОНИ́ | рабо́тали |

 Read the infinitives and write down the verbs in the Past Tense. Put the verbs into the correct forms.

игра́ть, писа́ть, чита́ть, де́лать, гуля́ть, смотре́ть, отдыха́ть

1. Вчера́ я ................................................. кни́гу.

2. Вчера́ А́нна ................................................. упражне́ние.

3. Вчера́ Анто́н ................................................. в па́рке.

4. Вчера́ мы ................................................. дома́шнее зада́ние.

5. Вчера́ мой друзья́ ................................................. телеви́зор.

6. Вчера́ я ................................................. в футбо́л.

7. Вчера́ мой брат ................................................. в библиоте́ке.

8. Вчера́ мы не рабо́тали. Мы ................................................. .

137

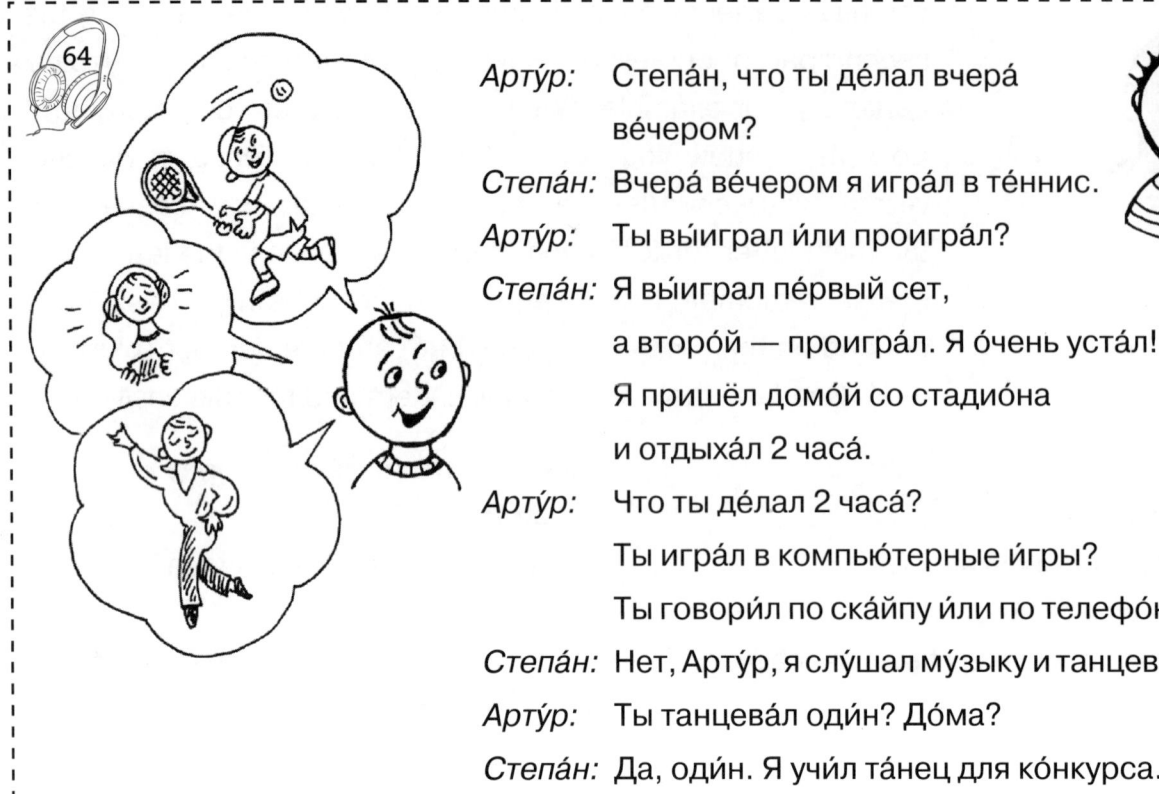

*Артур:* Степан, что ты дéлал вчерá вéчером?

*Степáн:* Вчерá вéчером я игрáл в тéннис.

*Артур:* Ты вы́играл и́ли проигрáл?

*Степáн:* Я вы́играл пéрвый сет, а второ́й — проигрáл. Я óчень устáл! Я пришёл домо́й со стадио́на и отдыхáл 2 часá.

*Артур:* Что ты дéлал 2 часá? Ты игрáл в компью́терные и́гры? Ты говори́л по скáйпу и́ли по телефóну?

*Степáн:* Нет, Артур, я слу́шал му́зыку и танцевáл!

*Артур:* Ты танцевáл оди́н? Дóма?

*Степáн:* Да, оди́н. Я учи́л тáнец для кóнкурса.

*Артур:* А когдá кóнкурс?

*Степáн:* Скóро... óчень скóро!

Скажи́те, что дéлал Степáн вчерá вéчером?

*Вы:* Вчерá вéчером он ..................................................................

Скажи́те, какóй сет Степáн вы́играл?

*Вы:* Степáн вы́играл ..................................................................

Скажи́те, что дéлал Степáн дóма два часá?

*Вы:* Дóма Степáн ..................................................................

Скажи́те, Степáн игрáл дóма в компью́терные и́гры?

*Вы:* ..................................................................

Скажи́те, Степáн говори́л по скáйпу и́ли по телефóну?

*Вы:* ..................................................................

Скажи́те, Степáн слу́шал му́зыку дóма?

*Вы:* ..................................................................

Скажи́те, Степáн учи́л дóма англи́йский язы́к?

*Вы:* ..................................................................

Скажи́те, что учи́л Степáн дóма?

*Вы:* ..................................................................

# ВЫХОДНО́Й ДЕНЬ

Меня́ зову́т Мари́на. Моя́ семья́ не о́чень больша́я. У меня́ есть ма́ма, па́па и брат. В суббо́ту днём моя́ ма́ма и мой па́па е́здили на маши́не на ры́нок и в суперма́ркет. Они́ купи́ли там молоко́, сыр, о́вощи, фру́кты, пече́нье и шокола́д. А сего́дня воскресе́нье, мой люби́мый день.

После за́втрака я гото́вила борщ, а ма́ма гото́вила сла́дкий пиро́г. Всё у́тро мы вме́сте гото́вили обе́д. Я о́чень люблю́ гото́вить.

А что де́лали мой брат и мой па́па сего́дня у́тром по́сле за́втрака?

Мой оте́ц и брат о́чень лю́бят пла́вать. После за́втрака они́ пла́вали в бассе́йне. Они́ пришли́ из бассе́йна в 12 часо́в.

Мы вме́сте обе́дали, пи́ли чай, а пото́м я и ма́ма отдыха́ли. После обе́да мой брат и оте́ц мы́ли посу́ду.

Я не люблю́ мыть посу́ду. Ма́ма то́же не лю́бит мыть посу́ду, а оте́ц и брат — о́чень лю́бят!

Мы обе́дали до́ма, а у́жинали в рестора́не. Ка́ждое воскресе́нье мы у́жинаем в рестора́не. Ме́сяц наза́д э́то был инди́йский рестора́н, три неде́ли наза́д был япо́нский рестора́н, две неде́ли наза́д был италья́нский рестора́н, неде́лю наза́д был испа́нский рестора́н, а сего́дня был вегетариа́нский рестора́н. Он нахо́дится в це́нтре го́рода. В рестора́не бы́ли вку́сные блю́да из овоще́й: из карто́феля, из капу́сты, из морко́ви, из сельдере́я, из ты́квы, из кукуру́зы, из свёклы. Мы е́ли сала́т из лу́ка, реди́са и огурцо́в.

Dear friends! I am glad that you can read quickly and correctly. And what about your writing? I hope that this task is also not difficult for you and you can easily write questions for the text. Let's remember the interrogative words that we have already learned.

**ВОПРОСИ́ТЕЛЬНЫЕ СЛОВА́**

| Что? | Кто? | Когда́? | Как? |

| Кого́ нет? | У кого́ есть? | Чего́ нет? |

| Где? Куда́? Отку́да? | Како́й? Кака́я? Како́е? Каки́е? | Чей? Чья? Чьё? Чьи? | О ком? О чём? На чём? |

Что де́лать?

Dear friends! Read again the text «Выходно́й день». Write down as many questions for the text as you can.

1. ...................................................................................................................

2. ...................................................................................................................

3. ...................................................................................................................

4. ...................................................................................................................

5. ...................................................................................................................

6. ...................................................................................................................

7. ...................................................................................................................

8. ...................................................................................................................

9. ....................................................................................................................

10. ....................................................................................................................

11. ....................................................................................................................

12. ....................................................................................................................

13. ....................................................................................................................

14. ....................................................................................................................

15. ....................................................................................................................

16. ....................................................................................................................

17. ....................................................................................................................

18. ....................................................................................................................

19. ....................................................................................................................

20. ....................................................................................................................

21. ....................................................................................................................

22. ....................................................................................................................

23. ....................................................................................................................

24. ....................................................................................................................

25. ....................................................................................................................

Please, compare your questions with your partner's questions. Choose five or six questions and ask each other.

........................................................................................................................

........................................................................................................................

........................................................................................................................

........................................................................................................................

........................................................................................................................

........................................................................................................................

........................................................................................................................

........................................................................................................................

........................................................................................................................

........................................................................................................................

........................................................................................................................

........................................................................................................................

**БЫТЬ**

| | |
|---|---|
| я | бу́ду |
| ты | бу́дешь |
| он | бу́дет |
| она́ | бу́дет |
| мы | бу́дем |
| вы | бу́дете |
| они́ | бу́дут |

Ladies and gentlemen! The topic of our lesson is so easy, that professor Vasily asked me, Zhorik, to organize this lesson for you. Today we are speaking about future. At first, we must know how to use the verb «**быть**» in the Future Tense. Try to remember it right now!

Have you memorized it? Great!

Iwant to remind you that you already know a lot of verbs. For example: отдыха́ть, гуля́ть, рабо́тать, игра́ть, де́лать, знать, слу́шать, чита́ть, изуча́ть, повторя́ть, говори́ть, смотре́ть, гото́вить, лови́ть, ходи́ть, е́здить, петь, есть, пить and so on.

And now let's take the table with the verb «быть»

| | |
|---|---|
| я | бу́ду |
| ты | бу́дешь |
| он | бу́дет |
| она́ | бу́дет |
| мы | бу́дем |
| вы | бу́дете |
| они́ | бу́дут |

and add all these verbs to it:

отдыха́ть, гуля́ть, рабо́тать, игра́ть, де́лать, знать, слу́шать, чита́ть, изуча́ть, повторя́ть, говори́ть, смотре́ть, гото́вить, лови́ть, ходи́ть, е́здить, петь, есть, пить

And... The Future Tense is ready! We can speak about everything you are planning to do!

*Например:*  Я Жо́рик. Я бу́ду игра́ть и чита́ть. (I will play and I will read.)

(For example:) Я бу́ду отдыха́ть и гуля́ть, я не бу́ду рабо́тать, я бу́ду слу́шать, я бу́ду говори́ть и смотре́ть. Я не бу́ду гото́вить..., но я бу́ду есть и пить, и, коне́чно, я бу́ду петь!

You might ask me: "When will you do all these things?" And you are right! It is necessary to know the words, which help us to answer the question: «Когда́?» Let's remember the adverbs, that you already know, and learn some more new words. We need them especially for the Future Tense.

# КОГДА́? (CASE № 4)

| | |
|---|---|
| сего́дня | у́тром |
| за́втра | днём |
| послеза́втра | по́сле обе́да |
| | ве́чером |
| | но́чью |

| | |
|---|---|
| в бу́дущий понеде́льник | next Monday |
| в бу́дущий вто́рник | next Tuesday |
| в бу́дущую сре́ду | next Wednesday |
| в бу́дущий четве́рг | next Thursday |
| в бу́дущую пя́тницу | next Friday |
| в бу́дущую суббо́ту | next Saturday |

And now a very interesting surprise is waiting for you! At the last lesson you have learned the words: мину́ту наза́д, час наза́д, день наза́д, неде́лю наза́д, год наза́д. We used these words for the Past Tense. Let's make some changes. Remove the word «наза́д» and put the word «че́рез» at the beginning. So, you see how easily past brings us to the future! For example: Ме́сяц **наза́д** — a month ago. **Че́рез** ме́сяц — after a month.

| | MONTH | | DAY | | HOUR |
|---|---|---|---|---|---|
| | ме́сяц | | день | | час |
| че́рез | 2 (два) ме́сяц**а** | че́рез | 2 (два) дн**я** | че́рез | 2 (два) час**а́** |
| | 3 ме́сяц**а** | | 3 дн**я** | | 3 час**а́** |
| | 4 ме́сяц**а** | | 4 дн**я** | | 4 час**а́** |
| | 5, 6… ме́сяц**ев** | | 5, 6… дн**ей** | | 5, 6… час**о́в** |

| | YEAR | | WEEK | | MINUTE |
|---|---|---|---|---|---|
| | год | | неде́л**ю** | | мину́т**у** |
| че́рез | 2 (**два**) го́д**а** | че́рез | 2 (**две**) неде́л**и** | че́рез | 2 (**две**) мину́т**ы** |
| | 3 го́д**а** | | 3 неде́л**и** | | 3 мину́т**ы** |
| | 4 го́д**а** | | 4 неде́л**и** | | 4 мину́т**ы** |
| | 5, 6… **лет** | | 5, 6… неде́л**ь** | | 5, 6… мину́т |

| IN WHICH MONTH (CASE № 6) | | | |
|---|---|---|---|
| 1 — в январе́ | 4 — в апре́ле | 7 — в ию́ле | 10 — в октябре́ |
| 2 — в феврале́ | 5 — в ма́е | 8 — в а́вгусте | 11 — в ноябре́ |
| 3 — в ма́рте | 6 — в ию́не | 9 — в сентябре́ | 12 — в декабре́ |

| IN WHICH SEASON | |
|---|---|
| зимо́й | in the winter |
| весно́й | in the spring |
| ле́том | in the summer |
| о́сенью | in the autumn |

Dear friends! I think we need to remember the verbs of motion in the Future Tense: «**пойти**» and «**поехать**». If you have forgotten them, look at CAT'S TIP № 15. Now ask me what I am going to do in the summer, where I am going to go, where I am going to have rest.

*Вы:* Жо́рик, что ты бу́дешь де́лать ле́том?

*Жо́рик:* Ле́том я бу́ду отдыха́ть. Я не бу́ду рабо́тать.

Ле́том у меня́ о́тпуск, а у студе́нтов — кани́кулы!

*Вы:* Жо́рик, где ты бу́дешь отдыха́ть? На мо́ре? В дере́вне?

Куда́ ты пое́дешь отдыха́ть? Ты пое́дешь в го́ры?

*Жо́рик:* Я пое́ду отдыха́ть на мо́ре. Снача́ла я бу́ду отдыха́ть в Я́лте,

а пото́м пое́ду в Со́чи!

*Вы:* В Я́лте и в Со́чи есть мо́ре? Как оно́ называ́ется?

*Жо́рик:* Оно́ называ́ется — Чёрное. Да, так и называ́ется,

Чёрное мо́ре. Оно́ нахо́дится на ю́ге Росси́и.

В Росси́и 14 море́й, но я вы́брал Чёрное мо́ре.

Там всегда́ тепло́, а ле́том — жа́рко.

Ах, кака́я там краси́вая приро́да!

Ах, каки́е там вку́сные фру́кты!

*Вы:* Жо́рик, ты бу́дешь пла́вать в мо́ре? Ты хорошо́ пла́ваешь?

*Жо́рик:* Нет, нет и нет! Я не бу́ду пла́вать!

Я не уме́ю пла́вать. Да, я не уме́ю пла́вать,

но я уме́ю лета́ть! А вы уме́ете лета́ть?

А куда́ вы пое́дете ле́том? В го́ры? На мо́ре? В дере́вню?

Что вы бу́дете там де́лать?

*Вы:* Ле́том я ...........................................................................................

............................................................................................................

............................................................................................................

............................................................................................................

Please, read this dialogue with your partner, underline all the verbs in the Future Tense.

Dear Zhorik! Thank you very much for your help. And now I would like to use your dialogue with Zhorik as an example, which will help you to learn the most interesting question: **«Почему́?»** (Why?).

And of course, I will teach you how to answer this question, using the conjunction: **«потому́ что»** (because). We ask this question very often if we don't know the reason of things, which may happen in our life. The words "why" and "because" are always together. As well as Russian words:

— Почему́?

— Потому́ что…

I hope that you will understand the questions and answers, which I have set below:

*Васи́лий:* Почему́ Жо́рик не бу́дет рабо́тать ле́том?

*Ваш отве́т:* Потому́ что у Жо́рика о́тпуск.

*Васили́й:* Почему́ Жо́рик пое́дет отдыха́ть на Чёрное мо́ре?

*Ваш отве́т:* Потому́ что там тепло́, потому́ что там краси́вая приро́да, потому́ что там вку́сные фру́кты!

*Васили́й:* Почему́ Жо́рик не бу́дет пла́вать в мо́ре?

*Ваш отве́т:* Потому́ что он не уме́ет пла́вать.

*Васили́й:* Почему́ вы не уме́ете лета́ть?

*Ваш отве́т:* ...................................................................................

 Now, please, read the questions and answer them, looking at the model:

Почему́ ты не в университе́те? (Сего́дня воскресе́нье.)

Почему́ ты не в университе́те? *Потому́ что сего́дня воскресе́нье.*

1. Почему́ ты не гуля́ешь в па́рке? (Сего́дня хо́лодно.) ...............................................

2. Почему́ у тебя́ в су́мке зонт? (Ве́чером бу́дет дождь.) ...........................................

3. Почему́ ты лю́бишь зи́му ? (Я люблю́ ката́ться на лы́жах.) ...................................

4. Почему́ ты идёшь в больни́цу? (Я врач, я рабо́таю в больни́це.) .........................

5. Почему́ ты купи́л торт? (Сего́дня мой день рожде́ния.) .........................................

6. Почему́ ты идёшь в банкома́т? (У меня́ нет де́нег.) ...............................................

7. Почему́ ты купи́л кроссо́вки? (Я люблю́ бе́гать.) ...................................................

8. Почему́ ты не гото́вишь у́жин? (Я бу́ду у́жинать в рестора́не.) ...........................

9. Почему́ ты уста́ла? (Я мно́го рабо́тала.) ...............................................................

10. Почему́ ты е́здил в Ита́лию? (Мне нра́вится италья́нская культу́ра.) ....................

We continue studying the Future Tense and the conjunction «потому́ что» (because). A magazine reporter Galina interviewed the famous ballet dancer Anna Ivanova. Read a fragment of this interview, answer my questions, using the words «потому́ что».

*Гали́на:* Бу́дем знако́мы. Меня́ зову́т Га́лина, я рабо́таю в журна́ле «Мир бале́та». Я бу́ду писа́ть о вас статью́.

*А́нна:* Я о́чень ра́да.

*Гали́на:* Че́рез 3 ме́сяца вы пое́дете во Фра́нцию, в Пари́ж, и бу́дете там танцева́ть в бале́тах П.И. Чайко́вского «Лебеди́ное о́зеро» и «Щелку́нчик». Вы бу́дете рабо́тать ве́чером. А что вы бу́дете де́лать днём?

*А́нна:* Днём я бу́ду гуля́ть по Пари́жу, бу́ду всё фотографи́ровать. Я бу́ду гуля́ть по бе́регу реки́ Се́ны, бу́ду отдыха́ть в кафе́ и пить там вку́сный ко́фе. Но я не бу́ду есть шокола́д, я не бу́ду есть сла́дкое. Я на дие́те.

*Гали́на:* Вы лю́бите жи́вопись? Вы пойдёте в музе́й, наприме́р в Лувр?

*А́нна:* О, да! Я давно́ мечта́ю о Лу́вре! Там я бу́ду смотре́ть карти́ны Рафаэ́ля, Боттиче́лли, Леона́рдо да Ви́нчи...

*Гали́на:* А вы пое́дете в Верса́ль, в Фонтенбло́, на кла́дбище Сен-Женевьёв-де-Буа́?

*А́нна:* Да, я с удово́льствием туда́ пое́ду, е́сли у меня́ бу́дет вре́мя.

*Васи́лий:* Почему́ балери́на пое́дет во Фра́нцию, в Пари́ж?

*Ваш отве́т:* ..................................................................................

*Васи́лий:* Почему́ балери́на не бу́дет отдыха́ть ве́чером?

*Ваш отве́т:* ..................................................................................

*Васи́лий:* Почему́ балери́на не бу́дет есть шокола́д и не бу́дет есть сла́дкое?

*Ваш отве́т:* ..................................................................................

*Васи́лий:* Почему́ балери́на пойдёт в Лувр?

*Ваш отве́т:* ..................................................................................

Dear friends! Philosophers say that the future does not exist, there is only the present moment, and that, constantly borders with the past. Every action, which we did even a second ago, has already gone. So, how is that the future exists in our everyday life, though philosophers deny it? It's because we always plan something we are going to do for the day, week or a month ahead. If we are going to speak about our plans in Russian, we should use short forms of adjectives.

| я за́нят | I'm busy |
|---|---|
| я свобо́ден | I am free |
| я до́лжен | I must |

| я занята́ | I'm busy |
|---|---|
| я свобо́дна | I am free |
| я должна́ | I must |

*Вячесла́в:* Со́ня, у меня́ есть два биле́та на футбо́л. Футбо́льный матч бу́дет в пя́тницу ве́чером. Я приглаша́ю вас на футбо́л. Вы свобо́дны в пя́тницу ве́чером?

*Со́ня:* Вячесла́в, извини́те, но в пя́тницу ве́чером я занята́. Я игра́ю на а́рфе, в пя́тницу ве́чером у меня́ уро́к. Я должна́ идти́ на уро́к.

*Вячесла́в:* О́чень жаль!

*Вячесла́в:* Константи́н, у меня́ два биле́та на футбо́л на пя́тницу. Ты свобо́ден? Я тебя́ приглаша́ю.

*Константи́н:* На футбо́л? На пя́тницу? Вячесла́в, извини́, я за́нят. Я о́чень люблю́ футбо́л, но в пя́тницу ве́чером я до́лжен рабо́тать.

*Вячесла́в:* О́чень жаль!

*Вячесла́в:* Я приглаша́ю вас в пя́тницу ве́чером на футбо́льный матч. Вы свобо́дны?

*Вы:* Вячесла́в, спаси́бо, я свобо́ден, но я не люблю́ футбо́л.

*Вячесла́в:* О́чень жаль!

Let's have a look together how Polina planned her life for a week ahead. Polina works in the office. She's a secretary. She works in the morning and afternoon, but in the evening Polina will be very busy.

бассейн
рисование
караоке
фитнес-клуб
дискотека
театр
пикник

В сле́дующий понеде́льник, в 19 часо́в — бассе́йн.

В сле́дующий вто́рник, в 20 часо́в — рисова́ние.

В сле́дующую сре́ду, в 21 час — карао́ке.

В сле́дующий четве́рг, в 19:30 — фи́тнес-клуб.

В сле́дующую пя́тницу, в 21 час — дискоте́ка.

В сле́дующую суббо́ту, в 18:30 — теа́тр.

В сле́дующее воскресе́нье, в 10 часо́в — пикни́к.

Поли́на лю́бит пла́вать, поэ́тому ка́ждый понеде́льник она́ хо́дит в бассе́йн.

Поли́на лю́бит рисова́ть, поэ́тому ка́ждый вто́рник она́ хо́дит в шко́лу рисова́ния.

Поли́на о́чень лю́бит петь, поэ́тому ка́ждую сре́ду она́ хо́дит в карао́ке.

Поли́на лю́бит аэро́бику, поэ́тому ка́ждый четве́рг она́ хо́дит в фи́тнес-клуб.

Поли́на лю́бит танцева́ть, поэ́тому ка́ждую пя́тницу она́ хо́дит на дискоте́ку.

Поли́на лю́бит теа́тр, поэ́тому ка́ждую суббо́ту она́ хо́дит в теа́тр.

Поли́на лю́бит приро́ду, поэ́тому ка́ждое воскресе́нье она́ и её друзья́ е́здят на пикни́к.

Dear friends, there is no need to be Sherlock Holmes to notice this frequently used word «**поэ́тому**» (therefore). This word is usually used in the second part of the phrase and shows *the logical result* of the situation given in the first part of the phrase. As you remember, the words «**потому́ что**» (because) are used to express *the reason* of the action.

For example: Я не гуля́ю в па́рке, **потому́ что** сего́дня хо́лодно.

Сего́дня хо́лодно, **поэ́тому** я не гуля́ю в па́рке.

Can you say, which words we must use in the phrases below? **Поэ́тому? Потому́ что?**

1. Ахме́д у́чится во Фра́нции, ................................... он изуча́ет францу́зский язы́к.
2. Ахме́д изуча́ет францу́зский язы́к, ................................... он у́чится во Фра́нции.
3. Я хочу́ поменя́ть де́ньги, ................................... я иду́ в банк.
4. Я иду́ в банк, ................................... я хочу́ поменя́ть де́ньги.
5. За́втра воскресе́нье, ................................... мы не пойдём в университе́т.
6. Мы не пойдём в университе́т, ................................... за́втра воскресе́нье.

## В ЛУ́ННОМ СИЯ́НЬИ СНЕГ СЕРЕБРИ́ТСЯ

Слова́ и му́зыка Е. Ю́рьева

В лу́нном сия́нье снег серебри́тся,
Вдоль по доро́ге тро́ечка мчи́тся.
Динь-динь-ди́нь, динь-динь-ди́нь —
Колоко́льчик звени́т,
Э́тот звон, э́тот звон
О любви́ говори́т.

В лу́нном сия́нье ра́нней весно́ю
По́мнятся встре́чи, друг мой, с тобо́ю.
Динь-динь-ди́нь, динь-динь-ди́нь —
Колоко́льчик звене́л,
Э́тот звон, э́тот звон
О любви́ сла́дко пел.

Вспо́мнился зал мне с шу́мной толпо́ю,
Ли́чико ми́лой с бе́лой фато́ю.
Динь-динь-ди́нь, динь-динь-ди́нь —
Звон бока́лов шуми́т,
С молодо́ю жено́й
Мой сопе́рник стои́т.

КАРАОКЕ ОТ ЖОРИКА

https://youtu.be/SsE5tcjZxn8

*Listen, learn and sing a song.*

# CAT'S TIP № 22. Perfect and Imperfect aspects of verbs. The Past Tense

## ПОДСКАЗКА № 22. Совершенный и несовершенный вид глаголов. Прошедшее время

Dear friends! We need to do a lot of work together. There are pairs of verbs in Russian, which express the process and the result of an action (Imperfect — Perfect). These pairs don't exist in the Present Tense. We find them only in the Past and Future Tenses. Today let's begin with the Past Tense. Read the verbs and try to remember them. Professor Vasily will explain the rules to you later.

### ПРОШЕ́ДШЕЕ ВРЕ́МЯ

The process

Процесс

*обы́чно*
*мно́го раз*
*всегда́*
*ча́сто*
*иногда́*
*ка́ждый день*
*ка́ждое у́тро*

(the action is done many times or usual)

The result

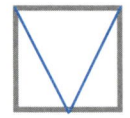

*Результат*

*вчера́*
*позавчера́*
*в суббо́ту*
*у́тром*
*днём*
*ве́чером*

(the action is done till the end)

| Что ты делал? | | Что ты сделал? |
|---|---|---|
| What were you doing? | | What have you done? |
| слу́шал | | **по**слу́шал |
| смотре́л | | **по**смотре́л |
| дари́л | | **по**дари́л |
| звони́л | | **по**звони́л |
| за́втракал | | **по**за́втракал |
| обе́дал | | **по**обе́дал |
| у́жинал | **ПО-** | **по**у́жинал |
| гуля́л | | **по**гуля́л |
| рабо́тал | | **по**рабо́тал |
| ду́мал | | **по**ду́мал |
| люби́л | | **по**люби́л |
| нра́вился | | **по**нра́вился |
| меша́л | | **по**меша́л |
| де́лал | | **с**де́лал |
| фотографи́ровал | | **с**фотографи́ровал |
| танцева́л | **С-** | **с**танцева́л |
| пел | | **с**пел |
| ел | | **с**ъел |
| мог | | **с**мог |
| писа́л | **НА-** | **на**писа́л |
| рисова́л | | **на**рисова́л |
| ви́дел | | **у**ви́дел |
| слы́шал | **У-** | **у**слы́шал |
| знал | | **у**зна́л |
| чита́л | **ПРО-** | **про**чита́л |
| гото́вил | **ПРИ-** | **при**гото́вил |
| учи́л | | **вы́**учил |
| пил | **ВЫ-** | **вы́**пил |

*You can see the changes in the **beginning** of the verbs.*

 The process

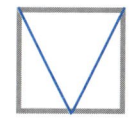 The result

Процесс

Результат

| Что ты делал?<br>What were you doing? | Что ты сделал?<br>What have you done? |
|---|---|
| **по**купа́л | купи́л |
| реша́л | реши́л |
| изуча́л | изучи́л |
| выступа́л | вы́ступил |
| объясня́л | объясни́л |
| повторя́л | повтори́л |
| отве**ча́**л | отве́**ти**л |
| да**ва́**л | да**л** |
| вста**ва́**л | вст**а**л |
| расска́з**ыва**л | рассказа́л |
| пока́з**ыва**л | показа́л |
| отдыха́л | отдох**ну́**л |
| **по**нима́л | **по́ня**л |
| пере**вод**и́л | пере**вё**л |
| помога́**л** | помо́**г** |
| **ложи́лся** | **лёг** |
| брал | взял |
| говори́л | сказа́л |

*You can see the changes in the **middle** of the verbs or an absolutely new word instead.*

I see that Zhorik scared you. But don't worry! Everything is not so complicated as you think. Now read the text, underline the verbs in it and after that, find these verbs in the tables of this lesson. Draw a small circle beside each verb.

Дороги́е друзья́! Вы по́мните, я говори́л вам, что отдыха́л на ю́ге — в Крыму́ и в Со́чи. Ка́ждое у́тро я смотре́л на мо́ре, слу́шал шум мо́ря, гуля́л по бе́регу мо́ря, фотографи́ровал морско́й пейза́ж, ду́мал о жи́зни.

Look at the pictures. Notice how the process is going into the result.

Что Жо́рик де́лал днём?
Он чита́л, де́лал се́лфи, отдыха́л.

Что сде́лал Жо́рик?
Он о́чень хорошо́ отдохну́л.

151

When I was at the sea side, I wrote a diary. Let us read one text from it.

21 июля, среда́, у́тро, 6 часо́в.

Сего́дня, как обы́чно, я пришёл к мо́рю, посмотре́л на мо́ре, послу́шал шум мо́ря. Погуля́л по бе́регу мо́ря, сфотографи́ровал морско́й пейза́ж и поду́мал: «Со́лнце, во́здух и вода́ — на́ши лу́чшие друзья́!» Пото́м я съел одно́ я́блоко и написа́л на берегу́ на песке́: «Здесь Жо́рик отдыха́л две неде́ли, и он прекра́сно отдохну́л! Спаси́бо, мо́ре!»

Find all the verbs in this text and draw a small circle beside each of them in the tables. Did you notice that these verbs are written in the right part of the table? So, they show the result or completed action. Write down below the pairs of verbs, which you have found in Zhorik's texts.

*Наприме́р:*

говори́л — сказа́л, ............................................................................................

................................................................................................................

................................................................................................................

................................................................................................................

................................................................................................................

................................................................................................................

 Here is one more example. Yesterday Zhorik made a delicious cocktail for himself. Look at the pictures and say if he is speaking about the process or the result.

Что де́лает Жо́рик?  Что де́лал Жо́рик?  Что сде́лал Жо́рик?

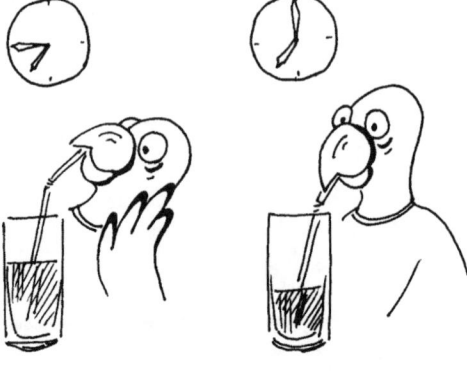

Жо́рик **пьёт** кокте́йль.

Жо́рик **пил** кокте́йль 15 мину́т.

Жо́рик **вы́пил** кокте́йль.

152

# ЖÓРИК ИДЁТ НА ВЕЧЕРИ́НКУ!

Сегóдня суббóта, в университéте нет заня́тий, я óчень рад! Вéчером в 7 часóв я пойдý на вечери́нку! Вчерá я сказáл: «Я принесý вкýсный салáт», поэ́тому сегóдня ýтром я позáвтракал и два часá изучáл рецéпты. Я прочитáл 30 и́ли 40 рецéптов, дóлго решáл, какóй рецéпт вы́брать. И, наконéц, я реши́л. Я вы́брал салáт «Лéто».

Я написáл рецéпт в «Замéтки» на моби́льном телефóне и пошёл на ры́нок. Там я дóлго покупáл лук, капýсту, пéрец, огурцы́, зелёный салáт, банáны. Я брал тóлько óчень свéжие óвощи и фрýкты и в 11 часóв утрá ужé всё купи́л! Я взял такси́ и приéхал домóй. В 12 часóв я пообéдал, потóм отдыхáл 3 часá. Я лёг спать в час и встал в 4 часá. Ах, как я хорошó отдохнýл!

Я дéлал салáт дóлго — два часá!

В 6 часóв я сдéлал салáт. Я приготóвил салáт «Лéто».  Прия́тного аппети́та! Я хорошó порабóтал.

Вкýсный салáт готóв, и я тóже готóв! Я идý на вечери́нку!

 Find the verbs in the text, which show the result. Write them down below. Add a pair to each verb: at first the verb, showing the result, and after that the verb, showing the process.

*Напримéр:*

сказáл — говори́л, позáвтракал — зáвтракал, ...............................................................

..............................................................................................................................

..............................................................................................................................

..............................................................................................................................

..............................................................................................................................

..............................................................................................................................

Read the questions and write down your answers without looking at the text. After that read the text and check if you wrote everything correctly.

1. Когда́ Жо́рик идёт на вечери́нку?

..................................................................................................

2. Что Жо́рик сказа́л вчера́?

..................................................................................................

3. Что де́лал Жо́рик сего́дня у́тром?

..................................................................................................

4. Ско́лько реце́птов прочита́л Жо́рик?

..................................................................................................

5. Как называ́ется реце́пт, кото́рый Жо́рик вы́брал?

..................................................................................................

6. Что покупа́л Жо́рик на ры́нке?

..................................................................................................

7. Когда́ (во ско́лько часо́в) Жо́рик всё купи́л?

..................................................................................................

8. Куда́ Жо́рик прие́хал на такси́?

..................................................................................................

9. Что сде́лал Жо́рик в 12 часо́в?

..................................................................................................

10. Когда́ (во ско́лько) Жо́рик лёг спать?

..................................................................................................

11. Когда́ (во ско́лько) Жо́рик встал?

..................................................................................................

12. Ско́лько часо́в Жо́рик де́лал сала́т?

..................................................................................................

13. Когда́ (во ско́лько) он сде́лал сала́т «Ле́то»?

..................................................................................................

14. Кто хорошо́ порабо́тал?

..................................................................................................

Dear friends, I hope you understand now that **Imperfect** forms of verbs are used when:

1. You want to give the name of the process only (Вчера́ я чита́л).
2. You speak about the repeated actions. You may use the words: ра́ньше, всегда́, мно́го раз, ча́сто **игра́л** в футбо́л.
3. You speak about the process, which lasted for a long time (Я до́лго **гуля́л** в па́рке).

**Please, read the dialogue, find the Imperfect forms of verbs and write them down in the gaps below. After that read the dialogue again with your partner.**

Йрочка, извини́, я опозда́л!

Сла́вик, я жду тебя́ 30 мину́т! Почему́ ты опозда́л?

Сла́вик: Потому́ что я ............................. (выступа́л — вы́ступил) на конфере́нции,

я ............................................. (говори́л — сказа́л) о нанотехноло́гиях,

............................... (объясня́л — объясни́л) при́нцип рабо́ты аппара́та.

Я ............................ (говори́л — сказа́л), что я ............................. (ду́мал — поду́мал) об э́том вопро́се. Пото́м я 30 мину́т ............................. (отвеча́л — отве́тил) на вопро́сы. По́сле конфере́нции я е́хал сюда́ на авто́бусе, и на у́лице бы́ли про́бки. Поэ́тому я опозда́л.

Йра:   Ну, ничего́. Э́то не пробле́ма. Ты сего́дня мно́го ................................. (рабо́тал — порабо́тал).

Сла́вик: А что ты ............................... (де́лала — сде́лала) в э́то вре́мя?

Йра:   Я ............................. (чита́ла — прочита́ла) но́вости в Интерне́те и ............................... (звони́ла — позвони́ла) тебе́ по телефо́ну. Почему́ ты не ............................... (отвеча́л — отве́тил)?

Сла́вик: Извини́, пожа́луйста! Я был за́нят.

Dear friends! Do you know that you use the **Perfect** forms of verbs when:

1. You are interested in the result (Ты **прочита́л** кни́гу? Дай, пожа́луйста!).

2. The action if already finished (Я уже́ **посмотре́л** фильм).

3. You think about the result, even if the action may not be finished yet (Ты ещё не **сде́лал** дома́шнее зада́ние?).

*Please, read the text, which was written by Alexey, find the Perfect forms of verbs and write them down in the gaps below.*

### РАССКА́З ТУРИ́СТА

Меня́ зову́т Алексе́й. Моё хо́бби — тури́зм! Я не люблю́ группово́й тури́зм. Я предпочита́ю индивидуа́льный тури́зм. О́чень люблю́ ходи́ть пешко́м. Я прие́хал в Яросла́вль на по́езде сего́дня у́тром. Весь день я ходи́л пешко́м, поэ́тому о́чень уста́л. Сейча́с я отдыха́ю в па́рке.

Ра́но у́тром я ........................... (за́втракал — поза́втракал) и ........................... (смотре́л — посмотре́л) програ́мму «Но́вости» по телеви́зору в гости́нице. В кио́ске я ........................... (покупа́л — купи́л) ка́рту го́рода и ........................... (изуча́л — изучи́л) два пешехо́дных маршру́та по го́роду. В 9 часо́в утра́ я пришёл в музе́й. Там я ........................... (смотре́л — посмотре́л) карти́ны и скульпту́ры. Я пе́рвый раз в жи́зни ........................... (ви́дел — уви́дел) карти́ны худо́жника Ши́шкина.

В час дня я ........................... (обе́дал — пообе́дал) в столо́вой. Я ........................... (ел — съел) кусо́к ры́бы, весь гарни́р и гру́шу. А пото́м я ........................... (пил — вы́пил) ко́фе. По́сле обе́да я ........................... (гуля́л — погуля́л) в це́нтре го́рода. Когда́ я учи́лся в шко́ле, я ........................... (знал — узна́л), что го́род Яросла́вль нахо́дится на Во́лге. Когда́ я пришёл на бе́рег Во́лги пешко́м, я ........................... (фотографи́ровал — сфотографи́ровал) э́то краси́вое ме́сто. Я ........................... (понима́л — по́нял), что я уже́ всем се́рдцем ........................... (люби́л — полюби́л) го́род Яросла́вль и реку́ Во́лгу!

Dear friends! I would like to ask you a question. Do you want to learn how to say one phrase instead of two? There are several words, which help you to do it: **кото́рый**, **кото́рая**, **кото́рое**, **кото́рые**. Look into the table and you will understand what to do.

| Two phrases | One phrase |
|---|---|
| Э́то ста́рый го́род.<br>**Он** нахо́дится на Во́лге. | Э́то ста́рый го́род, **кото́рый** нахо́дится на Во́лге. |
| Э́то кни́га.<br>**Она́** расска́зывает о Яросла́вле. | Э́то кни́га, **кото́рая** расска́зывает о Яросла́вле. |
| Э́то кафе́.<br>**Оно́** называ́ется «Тури́ст». | Э́то кафе́, **кото́рое** называ́ется «Тури́ст». |
| Э́то фотогра́фии.<br>**Они́** лежа́т в альбо́ме. | Э́то фотогра́фии, **кото́рые** лежа́т в альбо́ме. |

 Please, read the phrases, choose the correct words and fill the gaps.

кото́рый, кото́рая, кото́рое, кото́рые

1. Алексе́й — э́то тури́ст. Он прие́хал в Яросла́вль.

   Алексе́й — э́то тури́ст, ........................... прие́хал в Яросла́вль.

2. В го́роде есть больша́я река́. Она́ называ́ется Во́лга.

   В го́роде есть больша́я река́, ........................... называ́ется Во́лга.

3. В го́роде есть музе́и. Они́ рабо́тают ка́ждый день.

   В го́роде есть музе́и, ........................... рабо́тают ка́ждый день.

4. Алексе́й уви́дел карти́ны худо́жника Ши́шкина. Они́ висе́ли на стене́.

   Алексе́й уви́дел карти́ны худо́жника Ши́шкина, ........................... висе́ли на стене́.

5. Алексе́й отдыха́л в па́рке. Он нахо́дится в це́нтре го́рода.

   Алексе́й отдыха́л в па́рке, ........................... нахо́дится в це́нтре го́рода.

6. Алексе́й обе́дал в кафе́. Оно́ нахо́дится на у́лице Ле́нина.

   Алексе́й обе́дал в кафе́, ........................... нахо́дится на у́лице Ле́нина.

7. Алексе́й жил в гости́нице. Она называ́ется «Росси́я».

   Алексе́й жил в гости́нице, ........................... называ́ется «Росси́я».

8. Алексе́й всем се́рдцем полюби́л Яросла́вль. Он стои́т на реке́ Во́лге.

   Алексе́й всем се́рдцем полюби́л Яросла́вль, ........................... стои́т на реке́ Во́лге.

157

# CAT'S TIP № 23. Perfect and Imperfect aspects of verbs. The Future Tense

## ПОДСКАЗКА № 23. Совершенный и несовершенный вид глаголов. Будущее время

Dear friends, today we are going to study the Perfect and Imperfect aspects of verbs in the Future Tense. Professor Vasily instructed me to explain all the nuances of that lesson. First of all, I would like to draw your attention to the fact that we can easily make the Future Perfect forms if we remember the Present Tense forms of verbs. Look at the table and read carefully all the verbs with Zhorik.

НАСТОЯ́ЩЕЕ ВРЕ́МЯ

БУ́ДУЩЕЕ ВРЕ́МЯ

Что я де́лаю?
(проце́сс)

Что я **с**де́лаю?
(результа́т)

| | слу́шаю | | **по**слу́шаю | |
|---|---|---|---|---|
| обы́чно | смотрю́ | | **по**смотрю́ | оди́н раз |
| мно́го раз | дарю́ | | **по**дарю́ | за́втра |
| всегда́ | звоню́ | | **по**звоню́ | послеза́втра |
| ча́сто | за́втракаю | | **по**за́втракаю | в понеде́льник |
| иногда́ | обе́даю | | **по**обе́даю | у́тром |
| ка́ждый день | у́жинаю | **ПО-** | **по**у́жинаю | днём |
| ка́ждое у́тро | гуля́ю | | **по**гуля́ю | ве́чером |
| | рабо́таю | | **по**рабо́таю | |
| | ду́маю | | **по**ду́маю | |
| | люблю́ | | **по**люблю́ | |
| | мне нра́вится | | мне **по**нра́вится | (this action will |
| | меша́ю | | **по**меша́ю | be done in the |
| | де́лаю | | **с**де́лаю | Future from |
| | фотографи́рую | | **с**фотографи́рую | the beginning |
| | танцу́ю | **С-** | **с**танцу́ю | till the end) |
| | пою́ | | **с**пою́ | |
| | ем | | **с**ъем (съеди́м) | |
| | могу́ | | **с**могу́ (смо́жем) | |
| | пишу́ | | **на**пишу́ | |
| | рисую | **НА-** | **на**рисую | |
| | черчу́ | | **на**черчу́ (начéртим) | |
| | ви́жу | | **у**ви́жу (уви́дим) | |
| | слы́шу | **У-** | **у**слы́шу | *You can see* |
| | зна́ю | | **у**зна́ю | *the changes in the **beginning*** |
| | чита́ю | **ПРО-** | **про**чита́ю | *of the verbs.* |

| | | |
|---|---|---|
| гото́влю | **ПРИ-** | **при**гото́влю<br>(пригото́вим) |
| учу́ | | **вы́**учу |
| пью | **ВЫ-** | **вы́**пью |
| мо́ю | | **вы́**мою |

| | |
|---|---|
| **по**купа́ю | куплю́ (ку́пим) |
| реша́ю | решу́ |
| изуча́ю | изучу́ |
| выступа́ю | вы́ступлю (вы́ступим) |
| объясня́ю | объясню́ |
| повторя́ю | повторю́ |
| отвеча́ю | отве́чу (отве́тим) |
| спра́ш**ива**ю | спрошу́ (спро́сим) |
| расска́з**ыва**ю | расскажу́ |
| пока́з**ыва**ю | покажу́ |
| отдыха́ю | отдох**ну́** |
| даю́ | да**м** (**дад**и́м) |
| встаю́ | вста́ну |
| **лож**у́сь | **ля́**гу (ля́жем) |
| по**нима́**ю | по**йм**у́ |
| вы**бира́**ю | вы́**бер**у |
| помога́ю | помогу́ (помо́жем) |
| **говорю́** | **скажу́** |
| **беру́** | **возьму́** |

*You can see the changes in the **middle** of the verbs or an absolutely new word instead.*

We study the Future Tense to plan our live.

Anfisa, please, tell me what your plans are for the next Saturday and Sunday.

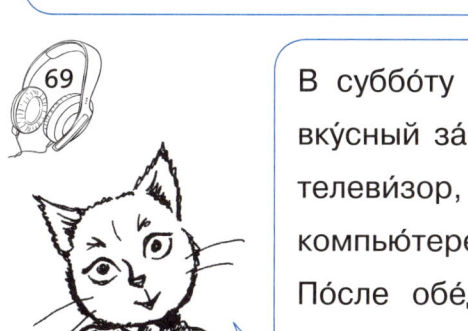

**69**

В суббо́ту у́тром я вста́ну по́здно, в 10 часо́в. Пригото́влю вку́сный за́втрак и поза́втракаю. По́сле за́втрака я посмотрю́ телеви́зор, послу́шаю му́зыку. Днём я немно́го порабо́таю на компью́тере: прочита́ю пи́сьма и узна́ю но́вости в Интерне́те. По́сле обе́да я погуля́ю в па́рке, съем вку́сное моро́женое в кафе́ и пойду́ домо́й. Ве́чером я поу́жинаю до́ма, вы́мою посу́ду и пойду́ в цирк. В ци́рке я уви́жу кло́уна, ми́ма, гимна́ста и гимна́стку, уви́жу медве́дя, слона́, обезья́ну. Пото́м я возьму́ такси́ и пое́ду домо́й.

My dear Anfisa, I like your plan a lot! Let's spend our time on Saturday together!

I'm happy to do that, but at first I will ask you to be my assistant. I want you to do one exercise. Please, write down what we are going to do together. Read my text again, find the verbs and change their endings (**я вста́ну** — мы вста́н**ем**, **я пригото́влю** — мы пригото́в**им**, **я поза́втракаю** — мы поза́втрака**ем**… and so on).

Dear friends, I am not sure, that I can do this exercise correctly. Please, help me! Let's write it down together!

*Наприме́р:*

В суббо́ту у́тром мы *вста́нем* по́здно, в 10 часо́в.

**Continue, please!**

Мы ................................ вку́сный за́втрак и ................................ . По́сле за́втрака мы ........................... телеви́зор, ........................... му́зыку. Днём мы немно́го ........................... на компью́тере: ........................... пи́сьма и ........................... но́вости в Интерне́те. По́сле обе́да мы ........................... в па́рке, ........................... вку́сное моро́женое в кафе́ и ........................... домо́й. Ве́чером мы ........................... до́ма, ........................... посу́ду и ........................... в цирк. В ци́рке мы ........................... кло́уна, ми́ма, гимна́ста и гимна́стку, медве́дя, слона́, обезья́ну. Пото́м мы ........................... такси́ и ........................... домо́й.

160

Анфи́са, посмотри́, пожа́луйста, э́то упражне́ние.
Мы хорошо́ порабо́тали? Мы всё пра́вильно написа́ли?
Мы проведём суббо́ту вме́сте? А что ты бу́дешь де́лать в воскресе́нье?

*Анфи́са:* В воскресе́нье я вста́ну ра́но, в 6 часо́в утра́, потому́ что я и мой друзья́ пое́дем на пикни́к.

*Жо́рик:* Вы бу́дете обе́дать на приро́де! Я то́же хочу́ обе́дать вме́сте с ва́ми. А куда́ вы пое́дете? В лес, в ке́мпинг и́ли на́ реку?

*Анфи́са:* Мы пое́дем в ке́мпинг «Родни́к», кото́рый нахо́дится в лесу́.

*Жо́рик:* На чём вы туда́ пое́дете? На авто́бусе и́ли на электри́чке?

*Анфи́са:* Мы пое́дем туда́ на авто́бусе.

*Жо́рик:* Лу́чше е́хать на электри́чке! Она́ идёт бы́стро, а авто́бус идёт ме́дленно!

*Анфи́са:* Жо́рик, ты прав, но электри́чка остана́вливается далеко́ от ке́мпинга. Нам на́до бу́дет до́лго идти́ пешко́м, мину́т 30.

*Жо́рик:* В ке́мпинге «Родни́к» хорошо́! Я был там неда́вно, ме́сяц наза́д. В лесу́ я покажу́ вам краси́вые места́! Мы вы́берем поля́ну и там прекра́сно пообе́даем!

*Анфи́са:* Спаси́бо, Жо́рик, мы встре́тимся в 6 часо́в 45 мину́т на автовокза́ле.

*Жо́рик:* Прекра́сно! Я рад, что мы пое́дем все вме́сте!

Say what you will do on Saturday and Sunday?
What are your plans for the weekend? Write down your answer.

В суббо́ту ...................................................................................................
....................................................................................................................
....................................................................................................................
....................................................................................................................
....................................................................................................................

В воскресе́нье ...........................................................................................
....................................................................................................................
....................................................................................................................
....................................................................................................................
....................................................................................................................

 А сейча́с посмотри́те на рису́нки. Вы уже́ посмотре́ли на рису́нки?

Хорошо́. А тепе́рь чита́йте текст.

 Че́рез не́сколько мину́т Степа́н нарису́ет со́лнце.

Пото́м он нарису́ет облака́ — э́то бу́дет не́бо.

Пото́м он нарису́ет де́рево и до́мик.

До́мик — э́то да́ча,

а де́рево — э́то я́блоня.

Э́то Степа́н. Скажи́те, что он де́лает? (рисова́ть карти́ну — нарисова́ть карти́ну) Степа́н ...................................................................... . Почему́ он рису́ет карти́ну? Потому́ что его́ ма́ма мечта́ет о да́че. Степа́н (дари́ть да́чу — подари́ть да́чу) ...................................... на карти́не, а пото́м его́ па́па ку́пит уча́сток, постро́ит таку́ю да́чу и ска́жет: «Ле́том мы бу́дем жить на да́че!» Ма́ма бу́дет о́чень ра́да, и Степа́н то́же бу́дет рад!

 Прочита́ли текст? О́чень хорошо́! Сейча́с прочита́йте вопро́сы.

Вопро́сы:

1. Что нарису́ет Степа́н че́рез не́сколько мину́т?

..................................................................................................

2. О чём мечта́ет ма́ма Степа́на?

..................................................................................................

3. Что ку́пит па́па Степа́на?

..................................................................................................

4. Что постро́ит па́па Степа́на и что он ска́жет?

..................................................................................................

5. Степа́н и его́ ма́ма бу́дут ра́ды?

..................................................................................................

 Прочита́ли вопро́сы? Прекра́сно! А сейча́с отвеча́йте на вопро́сы.

Отве́тили на вопро́сы? Бра́во! Сейча́с отдыха́йте!

Ladies and gentlemen, it's me, Zhorik again. I have two items of news for you. The first is interesting, and the other is nice! I'll start with the interesting one. You can see a table below, which contains adverbs. Obviously, you won't find there all the existing adverbs in Russian, but most of them. Adverbs can answer the following questions: **Где?** (Where? In what place?), **Куда?** (Where to?), **Когда?** (When?), **Как?** (How?), **Как часто?** (How often?), **Сколько?** (How many? How much?). Carefully examine this information.

## НАРЕ́ЧИЯ • ADVERBS

| ГДЕ? | слéва, спрáва, тут, здесь, там, дóма | on the left, on the right, here, there, at home |
|------|------|------|
| КУДÁ? | налéво, напрáво, назáд, тудá, сюда, домóй | to the left, to the right, back, here, home |
| КОГДÁ? | вчерá, сегóдня, сейчáс, зáвтра, потóм, рáньше, давнó, недáвно, пóздно, рáно, зимóй, лéтом, веснóй, óсенью, ужé, скóро, ýтром, днём, вéчером, нóчью | yesterday, today, now, tomorrow, then, before, long time ago, recently, late, early, in the winter, in the summer, in the spring, in the autumn, already, soon, in the morning, in the afternoon, in the evening, at night |
| КАК? | хорошó, плóхо, прекрáсно, быстро, мéдленно, вéсело, грýстно, скýчно, аккурáтно, жáрко, хóлодно, теплó, грóмко, тихо, вмéсте, пешкóм, по-рýсски | well, badly, beautifully, quickly, slowly, merrily, sadly, boring, neatly, hot, cold, warm, loudly, quietly, together, on foot, in Russian |
| КАК ЧÁСТО? | всегдá, обы́чно, чáсто, иногдá, рéдко, никогдá | always, usually, often, sometimes, seldom, never |
| СКÓЛЬКО? | мнóго, мáло, немнóго, достáточно, чуть-чýть | a lot, few, a little, enough, just a little |

 As I promised, the second item of news is nice. Studying the table, you have probably noticed that you know and already use in your speech most of the adverbs, but up to now you did not know that these words are called adverbs.

For example, long time ago you were acquainted with the adverbs that answer the question **Где?** (Where? In what place?) and **Куда?** (Where? To what place?). For example, open page 22 and find all the adverbs there and write them down in the empty space of the table below.

НАРЕ́ЧИЯ • ADVERBS

| ГДЕ? | |
|------|--|
| КУДА́? | |

In CAT'S TIP № 10 on page 63 you met the adverbs: у́тром, днём, ве́чером, но́чью, обы́чно, ча́сто, иногда́, ре́дко, никогда́. Write down these adverbs into an empty table. In CAT'S TIP № 13 on page 91 you met names of the seasons, that answer the question «**Когда́?**». Write them down into the table below as well.

| КОГДА́? | |
|---------|--|
| КАК ЧА́СТО? | |

Now you have a task that even Dr. Watson (the assistant of Sherlock Holmes) will envy you! Read again CAT'S TIPS № 20–23 and write down all the adverbs that you will find in these tips into the empty table!

| |
|--|
| |

Compare everything you have written in your table with the words you can see on the previous page (in the first part of our lesson). You will be pleasantly surprised. You know a lot of adverbs, but you will study some more of them in the texts and pictures of the next CAT'S TIPS.

# КАЗА́ЧЬЯ ЛЕЗГИ́НКА

Не бу́ду пу́дриться, мели́ться, не бу́ду ку́дри завива́ть,
Ой, Ду́ся, ой, Мару́ся, не бу́ду ку́дри завива́ть,
Ой, Ду́ся, ой, Мару́ся, не бу́ду ку́дри завива́ть.

Не бу́ду с ми́лым я знако́ма, не бу́ду «ми́лым» называ́ть,
Ой, Ду́ся, ой, Мару́ся, не бу́ду «ми́лым» называ́ть,
Ой, Ду́ся, ой, Мару́ся, не бу́ду «ми́лым» называ́ть.

Девяно́сто пе́сен зна́ю, в оди́н ве́чер все спою́,
Ой, Ду́ся, ой, Мару́ся, в оди́н ве́чер все спою́,
Ой, Ду́ся, ой, Мару́ся, в оди́н ве́чер все спою́.

В ка́ждой пе́сне по три сло́ва: «Дорого́й, тебя́ люблю́»,
Ой, Ду́ся, ой, Мару́ся, «Дорого́й, тебя́ люблю́»,
Ой, Ду́ся, ой, Мару́ся, «Дорого́й, тебя́ люблю́».

Голосо́чек хрипова́т, да кто ж в э́том винова́т?
Ой, Ду́ся, ой, Мару́ся, да кто ж в э́том винова́т?
Ой, Ду́ся, ой, Мару́ся, да кто ж в э́том винова́т?

Винова́тый ми́лый мой — гуля́л по хо́лоду со мно́й,
Ой, Ду́ся, ой, Мару́ся, гуля́л по хо́лоду со мно́й,
Ой, Ду́ся, ой, Мару́ся, гуля́л по хо́лоду со мно́й.

А мне ми́лый измени́л, а я подрумя́нилась,
Ой, Ду́ся, ой, Мару́ся, а я подрумя́нилась,
Ой, Ду́ся, ой, Мару́ся, а я подрумя́нилась.

Ми́мо о́кон прошла́ бо́ком и опя́ть понра́вилась,
Ой, Ду́ся, ой, Мару́ся, и опя́ть понра́вилась,
Ой, Ду́ся, ой, Мару́ся, и опя́ть понра́вилась.

КАРАОКЕ ОТ ЖОРИКА

https://youtu.be/0HtvH34CmZY

*Listen, learn and sing a song.*

Dear friends, I want to start the presentation of the case № 3. I'll show you two magic tricks, which will help you to understand new grammar rules. However, at first let's learn some new pronouns:

| Кто? (Case № 1) | Кому? (Case № 3) |
|---|---|
| я | мне |
| ты | тебе́ |
| он | ему́ |
| она | ей |

| Кто? (Case № 1) | Кому? (Case № 3) |
|---|---|
| мы | нам |
| вы | вам |
| они | им |

Представле́ние начина́ется!

Я маг и волше́бник!

У меня́ в руке́ ничего́ нет.

Сейча́с счита́ем вме́сте:

Оди́н, два, три…

71

У меня́ в руке́ цветы́!

*Маг:*   Де́вушка, как вас зову́т?

*Ни́на:*  Меня́ зову́т Ни́на.

*Маг:*   Ни́на, э́ти цветы́ вам!

*Ни́на:*  Э́ти краси́вые цветы́ мне?

         Спаси́бо, маг и волше́бник!

*Маг:*   Друзья́! Дава́йте аплоди́ровать ей вме́сте!

         Ни́на! Э́ти аплодисме́нты вам!

166

Фóкус нóмер два!

Смотрúте внимáтельно...

У меня́ в рукé опя́ть ничегó нет.

Считáем вмéсте:

Одúн, два, три...

У меня́ в рукé часы́!

*Маг:* Молодóй человéк, как вас зовýт?

*Фёдор:* Меня́ зовýт Фёдор.

*Маг:* Фёдор, э́ти дорогúе часы́ вам!

*Фёдор:* Э́ти дорогúе часы́ мне?

Я óчень рад! Спасúбо!

*Маг:* Друзья́, давáйте аплодúровать емý вмéсте!

Фёдор, э́ти аплодисмéнты вам!

Ladies and gentlemen! You have seen my magic tricks. And now let's pay attention to grammar. Nina and Fedor are very happy, because I gave them presents. I gave flowers to Nina. I gave a watch to Fedor. If you say it in Russian, you need to use case № 3 and ask this new question: «**Кому?**» Look at the table and remember the endings of the masculine and feminine gender nouns.

**Комý** вы дáли цветы́? Я дал цветы́ **Нúне**.

**Комý** вы дáли часы́? Я дал часы́ **Фёдору**.

| | КТО э́то? | **КОМУ́** вы дáли кнúгу? |
|---|---|---|
| ОН | брат | брáт**у** |
| | друг | дрýг**у** |
| | Ю́рий | Ю́ри**ю** |
| | преподавáтель | преподавáтел**ю** |
| ОНА | сестрá | сестр**é** |
| | подрýга | подрýг**е** |
| | Марúя | Мар**úи** |
| | мать | **мáтери** |
| | дочь | **дóчери** |

167

Ladies and gentlemen! It's me again. You can't study without me, can you? Learn the verbs in the table. Underline the verbs that you already know. Find the meaning of the other verbs in a dictionary yourself. Every time you see me, you have to remember all the verbs. Please, don't forget that you need to use case № 3 when you use all these verbs.

| | |
|---|---|
| дава́ть — дать | писа́ть — написа́ть |
| дари́ть — подари́ть | чита́ть — прочита́ть |
| покупа́ть — купи́ть | передава́ть — переда́ть |
| помога́ть — помо́чь | объясня́ть — объясни́ть |
| меша́ть — помеша́ть | ве́рить — пове́рить |
| пока́зывать — показа́ть | разреша́ть — разреши́ть |
| расска́зывать — рассказа́ть | сове́товать — посове́товать |
| говори́ть — сказа́ть | жела́ть — пожела́ть |
| звони́ть — позвони́ть | нра́виться — понра́виться |

Now, let's practice. Let's do an exercise according to the model:

Макси́м подари́л ............. цветы́. (подру́га)

Макси́м подари́л *подру́ге* цветы́.

Ве́ра помога́ет ............................. гото́вить обе́д. (ба́бушка)

Ребёнок меша́ет ........................... рабо́тать на компью́тере. (па́па)

Я показа́л ...................................... мою́ тетра́дь. (преподава́тель)

Я купи́л ............................. биле́т в кино́. (Мари́на)

Оте́ц купи́л ............................ моро́женое. (сын)

Я рассказа́л ............................. но́вости. (брат)

Брат помога́л ............................ де́лать дома́шнее зада́ние. (сестра́)

Я купи́л ............................ журна́л. (Ива́н)

Подру́га подари́ла ............................. фотогра́фию. (Бори́с)

Я купи́л ............................ молоко́. (Ни́на)

Преподава́тель дал ................................. ру́чку. (студе́нт)

Я подари́л ...................................... пода́рок. (подру́га)

Я позвони́л ........................................... по телефо́ну. (секрета́рь)

Ива́н написа́л ........................... письмо́. (мать)

Ма́ма чита́ет ............................ кни́гу. (дочь)

Нового́дняя ёлка

Дед Моро́з

Dear friends! During the lesson our Magician turned me into Ded Moroz (Santa Claus), and he turned Anfisa into Snegurochka (Snow White). Thanks to his tricks today is Christmas.

He made this magic trick for children, because they like Christmas and New Year a lot. This time every year Ded Moroz and his granddaughter Snegurochka come to Russian children. They give presents to them, play and sing together near the Christmas Tree.

Снегу́рочка

У Де́да Моро́за в мешке́ есть пода́рки. Там есть: велосипе́д, констру́ктор, кни́га, ми́ксер, кра́ски «Акваре́ль», ку́кла Ма́ша, матрёшка, магни́т, планше́т, футбо́льный мяч, маши́на, коньки́, ро́лики.

Мешо́к с пода́рками

Я до́лжен подари́ть все э́ти пода́рки, но я забы́л... кому́ и что до́лжен подари́ть. Помоги́те мне, пожа́луйста, найти́ хозя́ина пода́рка. Снегу́рочка-Анфи́са бу́дет вам чита́ть отры́вки из пи́сем, вы бу́дете слу́шать, а пото́м напи́шете, кому́ и что я до́лжен подари́ть.

*Снегу́рочка-Анфи́са:*
Ма́льчик Бори́с, ему́ 5 лет,
написа́л Де́ду Моро́зу.

*Снегу́рочка-Анфи́са:*
Пи́шет де́вочка Мари́на,
ей 5 лет.

«Дорого́й Дед Моро́з!
Я люблю́ игра́ть в футбо́л,
но у меня́ нет мяча́…»

«Де́душка Моро́з!
Я люблю́ чита́ть и игра́ть
в ку́клы. Приходи́ ко мне,
я прочита́ю тебе́ ска́зку!..»

*Снегу́рочка:* Э́то письмо́ написа́л ма́льчик А́лик, ему́ 6 лет.
Он живёт в дере́вне Берёзовка.

«Де́душка Моро́з, ты о́чень до́брый! Я нарисова́л
твой портре́т. Приходи́ ко мне, я подарю́ тебе́
рису́нок. Я о́чень люблю́ ката́ться на велосипе́де…»

*Снегу́рочка:* А вот что нам пи́шет де́вочка Ксе́ния, ей 8 лет.
Она́ живёт в го́роде То́мске.

«Здра́вствуй, Дед Моро́з! Я уже́ больша́я, мне 8 лет. Но я тебя́
люблю́! Я зна́ю, что ты есть, я зна́ю, что ты живёшь в Росси́и,
в го́роде Вели́кий У́стюг в Волого́дской о́бласти. Я хочу́
прие́хать к тебе́ в го́сти. Я люблю́ помога́ть ма́ме гото́вить
обе́д. А ещё я люблю́ ката́ться на ро́ликах…»

*Снегу́рочка:* Э́то письмо́ нам написа́ли из Кры́ма брат и сестра́:
И́горь, ему́ 8 лет, и Алёна, ей 6 лет.

«Дорого́й Де́душка Моро́з! Мы лю́бим
собира́ть за́мки и ро́ботов, но у нас нет
констру́ктора…»

**Снегу́рочка:** Это письмо́ Де́ду Моро́зу написа́ли то́же брат и сестра́. Бра́ту 8 лет, а сестре́ 10 лет.

> «Дорого́й Де́душка Моро́з! Мы тебя́ о́чень лю́бим! Мы лю́бим игра́ть в электро́нные и́гры, говори́ть по ва́йберу, но у нас то́лько оди́н планше́т...»

**Снегу́рочка:** Это письмо́ от Па́трика из Фра́нции, ему́ 9 лет.

> «Здра́вствуй, Дед Моро́з! Я коллекциони́рую ру́сские сувени́ры, поэ́тому пишу́ тебе́! Я изуча́ю ру́сский язы́к в шко́ле».

**Снегу́рочка:** А вот сообще́ние от Ви́ктора, ему́ 7 лет.

> «...Я хочу́ подари́ть дру́гу ма́ленькую маши́ну. Де́душка Моро́з, ты подари́, пожа́луйста, снача́ла маши́ну мне, а пото́м я подарю́ ему́».

> My dear friends! Now I'm going to get presents out of my bag. I'm going to show all these presents to you. Please, look at them and write down for me whom I should give each present.

*Наприме́р:* Кому́ маши́на?
Маши́на **Ви́ктору**.

Кому́ кни́га и ку́кла Ма́ша? Кни́га и ку́кла Ма́ша ..................................................

Кому́ констру́ктор? Констру́ктор ..................................................

Кому́ футбо́льный мяч? Футбо́льный мяч ..................................................

Кому́ кра́ски «Акваре́ль» и велосипе́д? Кра́ски «Акваре́ль» и велосипе́д ....................

Кому́ ми́ксер и ро́лики? Ми́ксер и ро́лики ..................................................

Кому́ матрёшка и магни́т? Матрёшка и магни́т ..................................................

Кому́ планше́т? Планше́т ..................................................

Please, read the letters from Marina, Alik and Ksenia again and underline the expressions: «Приходи́ **ко мне**!», «Я хочу́ прие́хать **к тебе́**!» Remember, if you go somewhere, and you think about a place only, you need to use case № 4 (Я иду́ **в банк**). When you think about a person, who is waiting for you there, you use case № 3 (Я иду́ **к дире́ктору**). Learn the new question: «**К кому́?**» You may use it after the verbs of motion: идти́, ходи́ть, приходи́ть, приезжа́ть. Learn and memorize the forms in the table below. Then read the text and answer the questions.

| Кто? (№ 1) | я | ты | он | она́ | мы | вы | они́ |
|---|---|---|---|---|---|---|---|
| Кому́? (№ 3) | мне | тебе́ | ему́ | ей | нам | вам | им |
| К кому́? (№ 3) | ко мне | к тебе́ | к **нему́** | к **ней** | к нам | к вам | к ним |

**Куда́** вы идёте? ПОЛИКЛИ́НИКА — Case № 4

**К кому́** вы идёте? ДО́КТОР — Case № 3

> Я иду́ в поликли́ник**у** к до́ктор**у**.
> Я иду́ в го́сти **к** подру́г**е**.
> Я иду́ на консульта́цию **к** преподава́тел**ю**.
> Я иду́ на день рожде́ния **к** сестр**е́**.

## КСЕ́НИЯ ИДЁТ НА ВЕЧЕРИ́НКУ

У Ксе́нии есть друзья́-иностра́нцы. Они́ живу́т и рабо́тают в Росси́и.

В суббо́ту Ли́нда и Берна́р устра́ивают вечери́нку. Ксе́ния пойдёт к ним. Она́ хо́чет пригото́вить что́-то ру́сское. Но что?.. Посове́туйте, пожа́луйста, что ей пригото́вить?

*Ваш сове́т:* .............................................................................................

..............................................................................................................

..............................................................................................................

*Вопро́с для вас:*  К кому́ Ксе́ния пойдёт на вечери́нку? К де́душке? К сестре́?

К бра́ту? К подру́ге Ли́нде и дру́гу Берна́ру?

*Ваш отве́т:* .................................................................................................

## НА ДЕНЬ РОЖДЕ́НИЕ К ГА́ЛЕ

За́втра у Га́ли день рожде́ния. Ей бу́дет 23 го́да. Она́ живёт и у́чится в го́роде одна́, а её мла́дший брат И́горь живёт в дере́вне с ма́мой и па́пой. За́втра он пое́дет на авто́бусе к ней на день рожде́ния. Он хо́чет подари́ть ей супермо́дную космети́чку. Мать и оте́ц не мо́гут прие́хать к ней, потому́ что они́ рабо́тают. И́горю нра́вится го́род, поэ́тому он лю́бит е́здить к сестре́ в го́сти. А сестра́ лю́бит свой родно́й дом, поэ́тому два ра́за в ме́сяц она́ е́здит в го́сти к ним в дере́вню.

Скажи́те, к кому́ И́горь пое́дет в го́род на день рожде́ния? К дру́гу? К подру́ге?

К ба́бушке? К сестре́ Га́ле?

*Ваш отве́т:* ...........................................................................................

Скажи́те, кому́ нра́вится го́род? Ма́ме? Па́пе? Дру́гу? И́горю?

*Ваш отве́т:* ...........................................................................................

Скажи́те, к кому́ не мо́гут прие́хать на день рожде́ния оте́ц и мать? К профе́ссору?

К до́ктору? К сы́ну И́горю? К до́чери Га́ле?

*Ваш отве́т:* ...........................................................................................

Скажи́те, к кому́ Га́ля е́здит в го́сти в дере́вню? К одноклА́сснику? К одноклА́сснице?

К ма́тери, к отцу́ и к бра́ту И́горю?

*Ваш отве́т:* ...........................................................................................

Скажи́те мне, пожа́луйста!
1. Вы **ча́сто** да́рите цветы́?
2. **Кому́** вы да́рите цветы́?

ча́сто
иногда́
ре́дко
раз в ме́сяц
два ра́за в год

*Ва́ши отве́ты:* 1. Я ................................................................ дарю́ цветы́.

2. Я дарю́ цветы́ ................................................................

3. Вы **ча́сто** хо́дите в го́сти?
4. **К кому́** вы хо́дите в го́сти?

*Ва́ши отве́ты:* 3. Я ................................................................ хожу́ в го́сти.

4. Я хожу́ в го́сти ................................................................

| КОМУ́? (Case № 3) | НРА́ВИТСЯ | ЧТО? (Case № 4) |
|---|---|---|
| мне | | спорт |
| тебе́ | | му́зыка |
| ему́ | | гольф |
| ей | нра́вится | шокола́д |
| нам | | Ита́лия |
| вам | | маши́на «Тойо́та» |
| им | | биофи́зика |

| КОМУ́? (Case № 3) | НРА́ВИТСЯ | КТО? (Case № 4) |
|---|---|---|
| мне, ма́ме | | композитор П.И. Чайко́вский |
| тебе́, бра́ту | | худо́жник Н.К. Ре́рих |
| ему́, И́горю | | де́вушка Поли́на |
| ей, Еле́не | нра́вится | Арте́м |
| нам, И́ре и Ива́ну | | актёр Бред Питт |
| вам, дру́гу и подру́ге | | футболи́ст Фёдор Смо́лов |
| им, Жо́рику и Анфи́се | | Маг |

 Read the text, underline the words in case № 3. Write down your own questions for the text. While composing your questions, try to use interrogative words and phrases of case № 3 (*Кому́? К кому́? Кому́* нра́вится *что? Кому́* нра́вится *кто? Кто* идёт *куда́? Кто* идёт *к кому́?*).

 75

### МНЕ НРА́ВИТСЯ МОЯ́ СЕМЬЯ́ И И́ННА

 Дава́йте познако́мимся, меня́ зову́т Ве́нди. Я о́чень ма́ленькая, мне 3 ме́сяца, поэ́тому я не соба́ка, а соба́чка. Я не ру́сская, но родила́сь в Росси́и. У мое́й ма́мы тро́е дете́й. Я ста́ршая. Мы все живём в до́ме у И́нны. Она́ худо́жница. Ей нра́вится рисова́ть, гото́вить нам вку́сные блю́да и гуля́ть во дворе́. Мне о́чень нра́вится И́нна и моя́ семья́.

174

Ва́ши вопро́сы:

1. ................................................................................
2. ................................................................................
3. ................................................................................

| МНЕ | ве́село<br>гру́стно<br>интере́сно<br>неинтере́сно | МНЕ | хорошо́<br>пло́хо<br>прия́тно<br>неприя́тно | МНЕ | жа́рко<br>хо́лодно<br>тепло́<br>прохла́дно | МНЕ | легко́<br>тру́дно<br>заба́вно<br>ску́чно |
|---|---|---|---|---|---|---|---|

## НАМ НРА́ВИТСЯ ЗИМА́ И СНЕГ

Сейча́с зима́. Э́то моя́ пе́рвая зима́ в жи́зни. Сего́дня идёт снег. Ой! Как интере́сно, всё бе́лое! Э́то мой пе́рвый снег в жи́зни. Мне нра́вится снег. Мне о́чень ве́село и совсе́м не хо́лодно. А И́нне прохла́дно и немно́жко гру́стно, потому́ что э́то её три́дцать пе́рвая зима́... и... она́ не зна́ет, како́й э́то снег в её жи́зни: се́мьдесят пя́тый, три́ста два́дцать седьмо́й и́ли ты́сячный?

Ва́ши вопро́сы:

1. ................................................................................
2. ................................................................................
3. ................................................................................

Ой, как заба́вно! Что э́то? Э́то мои́ следы́ на снегу́!

И́нна, я хочу́ бе́гать и пры́гать! Дава́й игра́ть вме́сте!

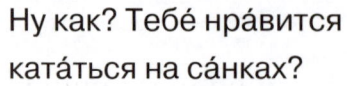

Ну как? Тебе нра́вится
ката́ться на са́нках?

Ве́нди!
Лови́ снежо́к!

О́чень нра́вится!
Здо́рово!

## МНЕ НРА́ВИТСЯ ЛЕПИ́ТЬ СНЕГОВИКО́В

Мы бе́гаем, пры́гаем на снегу́. И́нна у́чит меня́ лепи́ть снегови́ков. У нас бу́дет тре́тий снегови́к! Нам о́чень ве́село! Но... ка́жется, я немно́го уста́ла. Интере́сно, И́нна уста́ла и́ли нет? Мне ка́жется, она́ совсе́м не уста́ла. Она́ не бе́гала за снежка́ми, поэ́тому не уста́ла. Мне понра́вилось лепи́ть снегови́ков.

Ве́нди, иди́ ко мне. Ка́жется, ты уста́ла.
Иди́ ко мне на́ руки. Пойдём домо́й?
А за́втра мы бу́дем опя́ть бе́гать,
пры́гать на снегу́.

Ва́ши вопро́сы:

1. ......................................................................................

2. ......................................................................................

3. ......................................................................................

4. ......................................................................................

5. ......................................................................................

| МНЕ | можно<br>нельзя | МНЕ | нужно<br>не нужно | МНЕ | надо<br>не надо |
|---|---|---|---|---|---|

## КОМУ МОЖНО, А КОМУ НЕЛЬЗЯ ОТДЫХАТЬ В СКВЕРЕ

Кот Мурзик играет в футбол с котом Патриком. Им можно играть на траве́.

Кошка Марфа играет с бабочкой. Ей тоже можно отдыхать в сквере. Кошка Дуся гуляет по траве́, смотрит на собак и вежливо им улыбается. Кот Мяука играет с цветком. Ему не скучно. Маленькая собачка Тузик задаёт вопрос: «Почему им можно отдыхать в сквере и играть на траве́, а нам нельзя? Мы очень хорошие, добрые, умные и вежливые собаки».

Дайте ответ Тузику: почему собакам грустно и почему им нельзя отдыхать в сквере?

☐ Потому что они не умеют играть в футбол.

☐ Потому что они не знают, который час.

☐ Потому что в сквере есть знак:
«Собакам нельзя!»

☐ Потому что они не любят бегать.

☐ Потому что жарко.

☐ Потому что им пора ужинать.

*Ваш ответ:*

Им нельзя отдыхать на траве́ в сквере, ...........................................................

Dear friends! I would like to ask you an interesting question. Can you guess the answer? But at first let's read again one phrase from the text «Нам нра́вится зима́ и снег»:

«…А И́нне прохла́дно и немно́жко гру́стно, потому́ что э́то её три́дцать пе́рвая зима́…»

А сейча́с скажи́те, **ско́лько лет худо́жнице И́нне**?

*Вы:* Худо́жнице И́нне ...........................................

It seems to me, it is not very easy for you to answer this question. Do you remember which words you should use speaking about age? We have studied it in CAT'S TIPS № 20 and 21. Never mind, I'll tell you one magic formula and everything will be fine.

## МАГИ́ЧЕСКАЯ ФО́РМУЛА

| | | |
|---|---|---|
| 1 | год | |
| 2, 3, 4 | го́да | |
| 5, 6, … 100 | лет | |

| КОМУ́ ско́лько ЛЕТ? | | ЧЕМУ́ ско́лько ЛЕТ? | |
|---|---|---|---|
| Мне | 2**1** год. | Теа́тру | 15**1** год. |
| Бра́ту | 2**2** го́да. | Го́роду | 23**2** го́да. |
| Сестре́ | 2**3** го́да. | Музе́ю | 5**3** го́да. |
| Ма́ме | 4**4** го́да. | Автомоби́лю | **4** го́да. |
| Па́пе | 4**5 лет**. | Па́рку | 2**5 лет**. |

11
12
13
14
} лет

*Маг:* I hope that now you will remember how to count years. And this time it won't be difficult for you to answer my question about the age of painter Inna.

*Вы:* Худо́жнице И́нне ...........................................................

*Маг:* Скажи́те, пожа́луйста, а ско́лько вам лет?

*Вы:* Мне ...........................................................

*Маг:* Скажи́те, пожа́луйста, ско́лько лет дру́гу?

*Вы:* Дру́гу ...........................................................

*Маг:* Скажи́те, пожа́луйста, ско́лько лет подру́ге?

*Вы:* Подру́ге ...........................................................

Вы по́мните, кто э́то? Как её зову́т?

Её зову́т Ни́на.

Интере́сно, ско́лько ей лет?

*Маг:* Ни́на, скажи́те, ско́лько вам лет?

*Ни́на:* В на́шем го́роде есть храм. Ему́ 300 лет.

Он намно́го ста́рше меня́.

*Маг:* Я понима́ю, вы не хоти́те говори́ть, ско́лько вам лет.

*Ни́на:* Извини́те, не хочу́. Э́то секре́т.

Нельзя́ задава́ть э́тот вопро́с де́вушке.

*Маг:* Ни́на, извини́те меня́, пожа́луйста.

*Ни́на:* Пожа́луйста. Всё норма́льно.

 I have prepared a surprise for you! Write down correct answers to my questions and you will get a prize! Free ticket to the magic show in the circus!

## ЗНА́ЕТЕ ЛИ ВЫ?

Не зна́ете?.. Посмотри́те информа́цию в Интерне́те.

*Маг:* В Москве́ есть Кремль. Ско́лько лет Кремлю́?

*Вы:* Кремлю́ ...........................................................................

*Маг:* В Санкт-Петербу́рге есть музе́й «Эрмита́ж». Ско́лько лет музе́ю?

*Вы:* ...........................................................................

*Маг:* В Росси́и есть го́род Во́логда. Ско́лько лет Во́логде?

*Вы:* ...........................................................................

*Маг:* Ру́сский Дед Моро́з и Снегу́рочка живу́т недалеко́ от Во́логды.

Ско́лько лет Де́ду Моро́зу и Снегу́рочке?

*Вы:* ...........................................................................

*Маг:* В Пари́же есть Э́йфелева ба́шня. Ско́лько лет ба́шне?

*Вы:* ...........................................................................

*Маг:* Спаси́бо за отве́ты.

179

# CAT'S TIP № 26.    Case № 5. With whom? With the help of what?
# ПОДСКАЗКА № 26. Падеж № 5. С кем? Кем? С чем? Чем?

Dear friends! Today we are going to study CASE № 5. It answers the following questions:

**С кем** вы танцу́ете? (Whom are you dancing with?)

**Кем** вы хоти́те быть? (Whom are you going to be?)

**С чем** вы еди́те суп? (With what do you eat your soup?)

**Чем** вы пи́шите? (With the help of what instrument are you writing?)

Look at the picture! You can see different professions here:

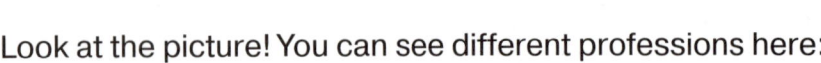

| Это учи́тель. | Это медсестра́. | Это визажи́ст. | Это по́вар. |

 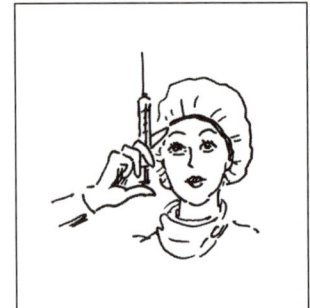  

 Each of them uses some object, which he (she) holds in his (her) hands. For example:

Васи́лий де́ржит в руке́ (*что?*) пульт,

медсестра́ де́ржит в руке́ (*что?*) шприц,

визажи́ст де́ржит в руке́ (*что?*) фен,

по́вар де́ржит в руке́ (*что?*) нож.

So, if you **hold** something in your hands, we use case № 4 (Я держу́ каранда́ш), but if you **use** something at your work, you need to use case № 5 (Я по́льзуюсь карандашо́м). Case № 5 is called instrumental. If you want to use it correctly, look at the table and remember the endings of nouns. Try to remember the verb "to use" (по́льзоваться) as well.

| Pron. | Что э́то? (№ 1) | **Чем** вы по́льзуетесь? (№ 5) | ПО́ЛЬЗОВАТЬСЯ | |
|---|---|---|---|---|
| ОН | Это телефо́н. | Я по́льзуюсь телефо́н**ом**. | я | по́льзуюсь |
| | Это шампу́нь. | Я по́льзуюсь шампу́н**ем**. | ты | по́льзуешься |
| ОНО | Это зе́ркало. | Я по́льзуюсь зе́ркал**ом**. | он | по́льзуется |
| | Это полоте́нце. | Я по́льзуюсь полоте́нц**ем**. | она́ | по́льзуется |
| ОНА | Это ру́чка. | Я по́льзуюсь ру́чк**ой**. | мы | по́льзуемся |
| | Это табли́ца. | Я по́льзуюсь табли́ц**ей**. | вы | по́льзуетесь |
| | Это тетра́дь. | Я по́льзуюсь тетра́д**ью**. | они́ | по́льзуются |

### Look at the pictures and say what do they use? Чем они́ по́льзуются?

| | |
|---|---|
| Чем по́льзуется учи́тель? | Он по́льзуется пу́льт**ом**. |
| Чем по́льзуется медсестра́? | Она́ ................................................................. |
| Чем по́льзуется визажи́ст? | Он ................................................................... |
| Чем по́льзуется по́вар? | Он ................................................................... |

 There are many professions in the world. All of them are interesting. Sometimes parents ask their children, which profession they are going to choose? In Russian it sounds like that: «Кем вы хоти́те быть?» This table helps you to answer this question.

| Pron. | Кто э́то? (№ 1) | Кем вы хоти́те быть? (№ 5) |
|---|---|---|
| ОН | Э́то врач. | Я хочу́ быть врач**о́м**. |
| | Э́то преподава́тель. | Я хочу́ быть преподава́тел**ем**. |
| ОНА | Э́то арти́стка. | Я хочу́ быть арти́стк**ой**. |
| | Э́то певи́ца. | Я хочу́ быть певи́ц**ей**. |

### Look again at the pictures on the previous page and answer my question:

What profession will the children choose, when they grow up? (Кем хотя́т быть де́ти?)

| | |
|---|---|
| Анто́н хо́чет быть учи́тел............ | Ива́н хо́чет быть визажи́ст........ |
| А́нна хо́чет быть медсестр......... | Макси́м хо́чет быть по́вар......... |

 And here are our friends, Murka the cat and Sharik the dog. They are gourmets. They are sitting near the kitchen now and trying to guess by the smell what is their owner cooking.

• суп
• ры́ба

Как вку́сно
па́хнет ры́б**ой**!
Как вку́сно
па́хнет су́п**ом**!

• мя́со
• со́ус

Как вку́сно
па́хнет мя́с**ом**!
Как вку́сно
па́хнет со́ус**ом**!

### Please, write down about other smells. Чем ещё вку́сно па́хнет?

1. Как вку́сно па́хнет колбасо́й!
2. ......................................................................................................
3. ......................................................................................................
4. ......................................................................................................
5. ......................................................................................................

   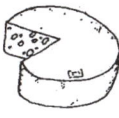 

| | | | | |
|---|---|---|---|---|
| 1. Колбаса́ | 2. Ку́рица | 3. Ветчина́ | 4. Сыр | 5. Ко́фе |

 Dear friends! It is very interesting to speak about cooking and tasty food. If you use different ingredients in one dish, you need case № 5. Look at the table, please!

| ЧТО и ЧТО?<br>(case № 1 + case № 1) | ЧТО с ЧЕМ?<br>(case № 1 + case № 5) |
| --- | --- |
| хлеб и ма́сло<br>рис и ры́ба | хлеб с ма́сл**ом**<br>рис с ры́б**ой** |

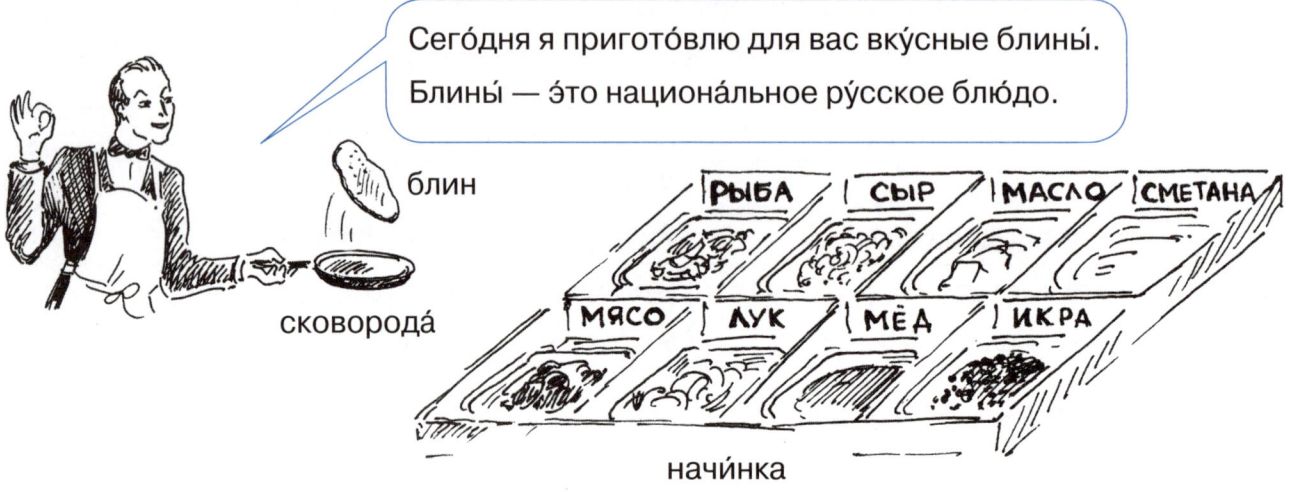

Сего́дня я пригото́влю для вас вку́сные блины́.
Блины́ — э́то национа́льное ру́сское блю́до.

блин

сковорода́

начи́нка

**Speak with Magician:**

Маг: Я вас слу́шаю, с чем вы хоти́те блин? У меня́ есть начи́нка: ры́ба, сыр, ма́сло, смета́на, мя́со, лук, мёд, икра́.

Йра: Я хочу́ блин с ................................... и с ...................................
А вы? С чем вы хоти́те блин?

Вы: Я хочу́ блин с ........................ , и с ........................ , и с ........................

Маг: Вы лю́бите ры́бу?
Хоти́те, я сде́лаю вам блин с ры́бой?

Вы: Да, сде́лайте мне, пожа́луйста, блин с ры́бой!

Маг: Вы лю́бите сыр и ма́сло?
Хоти́те, я сде́лаю вам блин
с ........................ и с ........................?

Вы: ...................................................

Маг: Вы лю́бите икру́ и смета́ну?
Хоти́те, я сде́лаю вам блин с ........................ и со ........................?

Вы: ...................................................

Маг: Вы лю́бите мя́со и лук?
Хоти́те, я сде́лаю вам блин с ........................ и с ........................?

Вы: Нет, я не люблю́ мя́со и лук. Сде́лайте мне блин с ........................

Маг: Вы лю́бите сла́дкие блины́?
Хоти́те, я сде́лаю вам блин с ........................?

Вы: Нет, я не люблю́ мёд. Сде́лайте мне блин с ........................

*Маг:* Де́вочка О́ля и её ма́ма Ири́на Петро́вна пригласи́ли меня́ на обе́д. А я приглаша́ю вас пообе́дать вме́сте **со мно́й**. Вы пойдёте **со мно́й** на обе́д?

*Вы:* Спаси́бо, я с удово́льствием пойду́ **с ва́ми** на обе́д.

Please, read this table and try to remember the pronouns in case № 5.

| Case № 1 | я | ты | он | она́ | мы | вы | они́ |
|---|---|---|---|---|---|---|---|
| Case № 5 | со мно́й | с тобо́й | с ним | с ней | с на́ми | с ва́ми | с ни́ми |

Ма́ма, что у нас сего́дня на обе́д?

На пе́рвое — уха́.

На второ́е — мя́со: говя́дина с ри́сом и с со́усом.

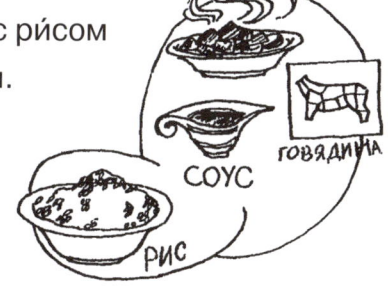

На десе́рт — чай с са́хар........, с варе́нь........, с молок........, с лимо́н........, с бу́лочк........, с ватру́шк........, с пирог........ и с мёд.........

А пиро́г с чем?

Пиро́г с клубни́кой.

183

**Read the text and underline all nouns in case № 5.**
**Answer the questions.**

*Маг:* Мы с ва́ми вме́сте пообе́дали у О́ли и её ма́мы Ири́ны Петро́вны. Ири́на Петро́вна пригото́вила ра́зные блю́да: на пе́рвое — уху́ из ры́бы, на второ́е — блю́до из мя́са, а на десе́рт — ватру́шки и пиро́г с клубни́кой. Мы с ни́ми разгова́ривали о ру́сской ку́хне и о ру́сской культу́ре. Ири́на Петро́вна очень вку́сно гото́вит! Она́ лю́бит запека́ть осетра́ в духо́вке, гото́вить блины́ с икро́й и пельме́ни с мя́сом.

Оте́ц О́ли не обе́дал с на́ми, потому́ что днём он о́чень за́нят, он рабо́тает. О́ля и Ири́на Петро́вна обе́дают с ним в суббо́ту и в воскресе́нье. Два дня в неде́лю он не рабо́тает, он отдыха́ет вме́сте с ни́ми. В воскресе́нье ве́чером они́ приду́т на мой конце́рт. Я подари́л им три биле́та на мой конце́рт. Дава́йте поблагодари́м О́лю и Ири́ну Петро́вну за обе́д! Спаси́бо! Всё бы́ло о́чень вку́сно! До свида́ния, до воскресе́нья! Жду ва́шу семью́ в теа́тре, на конце́рте.

Вопро́сы:

1. Каки́е блю́да пригото́вила Ири́на Петро́вна? .................................................................

2. О како́й ку́хне они́ разгова́ривали? .................................................................

3. Где Ири́на Петро́вна лю́бит запека́ть осетра́? .................................................................

4. Почему́ оте́ц не обе́дал? .................................................................

5. Когда́ О́ля и Ири́на Петро́вна обе́дают с отцо́м? .................................................................

6. Кому́ маг подари́л три биле́та? .................................................................

А сейча́с разреши́те пригласи́ть вас на ко́нкурс «Ба́льный та́нец». Я рабо́таю здесь судьёй и сейча́с расскажу́ вам, кто с кем бу́дет танцева́ть.

**Read the texts. Write down 3 questions for each text and ask your partner.**

Пе́рвая па́ра — Ви́ктор и Татья́на. Ви́ктор танцу́ет с Татья́ной, а Татья́на танцу́ет с Ви́ктором. Татья́на танцу́ет с ним 2 го́да. Им нра́вится танцева́ть вме́сте! Вы услы́шите популя́рную латиноамерика́нскую мело́дию «Ча-ча-ча́». Татья́на с Ви́ктором 2 го́да выступа́ют вме́сте, поэ́тому они́ прекра́сно танцу́ют! Сего́дня они́ ста́нцуют бы́стрый и весёлый та́нец «Ча-ча-ча́» бы́стро и ве́село! Мы уви́дим интере́сный но́мер.

Ва́ши вопро́сы:

1. ....................................................................................
2. ....................................................................................
3. ....................................................................................

Втора́я па́ра — Арка́дий и Изо́льда. Изо́льда танцу́ет с Арка́дием, а Арка́дий танцу́ет с Изо́льдой. Арка́дий танцу́ет с ней 5 лет! Арка́дий танцу́ет давно́, 10 лет. Они́ пока́жут нам аргенти́нское та́нго. Изо́льда е́здила в Буэ́нос-А́йрес изуча́ть аргенти́нское та́нго. Она́ учи́лась там 3 ме́сяца. Арка́дию легко́ танцева́ть с ней.

Ва́ши вопро́сы:

1. ....................................................................................
2. ....................................................................................
3. ....................................................................................

Тре́тья па́ра — Бори́с и Анастаси́я. Они́ давно́ танцу́ют вме́сте. Бори́с танцу́ет с Анастаси́ей 9 лет. Бори́су 29 лет, а Анастаси́и 24 года. Они́ станцу́ют романти́ческий та́нец вальс. Вы услы́шите романти́ческую му́зыку Штра́уса и уви́дите великоле́пный та́нец. Снача́ла они́ бу́дут танцева́ть ме́дленно, а пото́м бы́стро. С ни́ми вам не бу́дет ску́чно!

Ва́ши вопро́сы:

1. ....................................................................................................................

2. ....................................................................................................................

3. ....................................................................................................................

We use the case № 5, when we talk about our occupation, interests and hobbies. Look into the table and learn three new verbs: занима́ться, интересова́ться и увлека́ться.

| Чем вы занима́етесь? (What are you busy with? What do you do?) | Чем вы интересу́етесь? (What are you interested in?) | Чем вы увлека́етесь? (What are your hobbies?) |
|---|---|---|
| Я занима́юсь спо́ртом. | Я интересу́юсь баскетбо́лом. | Я увлека́юсь бо́ксом. |
| Ты занима́ешься футбо́лом. | Ты интересу́ешься бале́том. | Ты увлека́ешься иску́сством. |
| Он занима́ется би́знесом. | Он интересу́ется теа́тром. | Он увлека́ется пе́нием. |
| Она́ занима́ется пе́нием. | Она́ интересу́ется рисова́нием. | Она́ увлека́ется кино́. |
| Мы занима́емся фи́зикой. | Мы интересу́емся му́зыкой. | Мы увлека́емся матема́тикой. |
| Вы занима́етесь медици́ной. | Вы интересу́етесь фи́зикой. | Вы увлека́етесь поли́тикой. |
| Они́ занима́ются хи́мией. | Они́ интересу́ются исто́рией. | Они́ увлека́ются поэ́зией. |

Write down the phrases according to the model:

Светла́на ....................... (бале́т). Светла́на **занима́ется** бале́том.

Ната́ша ............................................................................... (фи́тнес).

Кири́лл ........................................................................... (пла́вание).

Ди́ма ............................................................................... (волейбо́л).

Гали́на ........................................................................... (эконо́мика).

Студе́нтки ...................................................................... (биоло́гия).

Write down the phrases according to the model:

А́нна ................... (му́зыка). А́нна **интересу́ется** му́зыкой.

Мари́на ........................................................................ (литерату́ра).

Бори́с ..................................................................................... (бокс).

Ива́н .................................................................................. (те́ннис).

Еле́на ............................................................................ (геогра́фия).

Студе́нты ...................................................................... (медици́на).

Write down the phrases according to the model:

Викто́рия ............... (теа́тр). Викто́рия **увлека́ется** теа́тром.

Мой брат ....................................................................... (тури́зм).

Моя́ сестра́ ................................................................ (аэро́бика).

Макси́м .................................................................... (Интерне́т).

Анто́н .......................................................................... (хип-хо́п).

Друзья́ .............................................................................. (рэп).

Write down the answers to the questions:

1. Чем вы занима́етесь? .................................................................

2. Чем вы интересу́етесь? .............................................................

3. Чем вы увлека́етесь? .................................................................

4. Чем занима́ется ваш друг? ........................................................

5. Чем интересу́ется ва́ша подру́га? ..............................................

6. Чем увлека́ются ва́ши друзья́? ...................................................

187

I have been working as a cook for several years. The house specialty in our café "Good morning" is an omelet. Please, read the menu and then write down your order. What kind of omelets can I cook for you?

**М Е Н Ю́**
Кафе́ «До́брое у́тро!»

ЦЕНА́

1. Омле́т «Дереве́нский»
   (яйцо́, молоко́, ку́рица, лук, чесно́к, зе́лень)                 270 руб.

2. Омле́т «Посейдо́н»
   (яйцо́, молоко́, креве́тки, кальма́р)                            360 руб.

3. Омле́т «Ца́рский»
   (яйцо́, молоко́, лосо́сь, лук)                                   300 руб.

4. Омле́т «Студе́нческий»
   (яйцо́, молоко́, колбаса́, карто́фель, петру́шка)                200 руб.

5. Омле́т «Лесно́й»
   (яйцо́, молоко́, грибы́, лук)                                    240 руб.

6. Омле́т «Витами́нный»
   (яйцо́, молоко́, сельдере́й, петру́шка, укро́п, щаве́ль)         190 руб.

7. Омле́т «Сы́рный»
   (яйцо́, молоко́, сыр, пе́рец, оре́хи)                            350 руб.

And now, read the menu again and write down according to the model:

Омлёт «Деревёнский» — это омлёт с кýрицей, лýком, чесноко́м и зёленью.

Remember the correct endings of the case № 5:

| | ЧТО? | С ЧЕМ? |
|---|---|---|
| onion | лук | с лýк**ом** |
| cheese | сыр | с сы́ром |
| garlic | чесно́к | с чесноко́м |
| squid | кальма́р | с кальма́ром |
| dill | укро́п | с укро́пом |
| salmon | лосо́сь | с лосо́с**ем** |
| potatoes | карто́фель | с карто́фелем |
| sorrel | щавёль | со щавелём |
| celery | сельдерёй | с сельдерёем |
| pepper | пёрец | с пёрцем |
| egg | яйцо́ | с яйцо́м |
| sausage | колбаса́ | с колбас**о́й** |
| parsley | петрýшка | с петрýшкой |
| greenery | зёлень | с зёлен**ью** |
| mushrooms | грибы́ | с гриб**а́ми** |
| shrimps | кревётки | с кревётками |
| nuts | орёхи | с орёхами |

1. Омлёт «Посейдо́н» ...................................................................................

...................................................................................

2. ...................................................................................

...................................................................................

3. ...................................................................................

...................................................................................

4. ...................................................................................

...................................................................................

5. ...................................................................................

...................................................................................

6. ...................................................................................

...................................................................................

189

## CAT'S TIP № 27.    How many? Agreement of nouns and numerals
## ПОДСКАЗКА № 27.  Сколько? Использование существительных
##                                  после числительных

Здр-р-р-а́вствуйте! Здр-р-ра́вствуйте, дороги́е друзья́! Сего́дня я не ассисте́нт профе́ссора Васи́лия, а тури́ст. Сего́дня вы не студе́нты, а то́же тури́сты! Мы бу́дем путеше́ствовать. Приглаша́ю вас на экску́рсию в Росси́ю! Но снача́ла прочита́йте анке́ту, кото́рую приду́мал для вас профе́ссор Васи́лий, и отве́тьте на вопро́сы.

## АНКЕ́ТА

78

### 1. ВЫ ЛЮ́БИТЕ ПУТЕШЕ́СТВОВАТЬ?

— Да, люблю́,

☐ потому́ что жизнь — э́то движе́ние.

☐ потому́ что мне интере́сно всё но́вое.

☐ потому́ что я любозна́тельный (-ая).

☐ потому́ что моя́ профе́ссия — гео́лог.

☐ потому́ что я люблю́ экзо́тику.

— Нет, не люблю́,

☐ потому́ что я домосе́д (ка).

☐ потому́ что не люблю́ жить в гости́нице.

☐ потому́ что я не любозна́тельный (-ая).

☐ потому́ что мне не нра́вится экзо́тика.

☐ потому́ что я лени́вый (-ая).

*Ваш отве́т:* Я ....................................................... , потому́ что .......................
.......................................................................................................

### 2. ВАМ НРА́ВИТСЯ Е́ЗДИТЬ ЗА ГРАНИ́ЦУ?

— Да, мне нра́вится е́здить за грани́цу,

☐ потому́ что я люблю́ ходи́ть в знамени́тые музе́и и смотре́ть знамени́тые карти́ны.

☐ потому́ что моё хо́бби — е́здить за грани́цу.

☐ потому́ что мне нра́вится иностра́нная культу́ра и экзоти́ческая ку́хня.

— Нет, мне не нра́вится е́здить за грани́цу,

☐ потому́ что я о́чень люблю́ мою́ страну́, мой го́род и мой дом.

☐ потому́ что там друга́я культу́ра, друго́й язы́к, всё друго́е.

☐ потому́ что э́то о́чень до́рого и у меня́ ма́ленький о́тпуск.

*Ваш отве́т:* Мне ............................................... е́здить за грани́цу,
            потому́ что ....................................................................

## 3. **СКО́ЛЬКО РАЗ** ВЫ Е́ЗДИЛИ ЗА ГРАНИ́ЦУ?

— Я е́здил за грани́цу

☐ 1 раз     ☐ 2 ра́з**а**     ☐ 5 раз

☐ 3 ра́з**а**     ☐ 6 раз

☐ 4 ра́з**а**     ☐ 7 раз

☐ Я не е́здил за грани́цу.

*Ваш отве́т:* Я ...............................................................................................................

> Dear friends! I hope you understood the last question and answered it easily. However, did you notice that the noun has different endings depending on the numeral before it? Let me remind you that we spoke about numerals twice in CAT'S TIP № 20 and 21. But we did not know the rules then. Now it's high time to learn these rules. They are not very difficult and you will see them in the tables below.

Learn how we count nouns of masculine gender:

**Ь, Ж, Ш, Ч, Щ**

| | |
|---|---|
| 1 (оди́н) студе́нт, дом, музе́й | — |
| 2 (два) студе́нта, до́ма, музе́я | |
| 3 студе́нта, до́ма, музе́я | **-а, -я** |
| 4 студе́нта, до́ма, музе́я | |
| 5, 6, 7… студе́нтов, домо́в, музе́ев | **-ов -ев** |

| | |
|---|---|
| 1 (оди́н) рубль, нож, ключ | — |
| 2 (два) рубля́, ножа́, ключа́ | |
| 3 рубля́, ножа́, ключа́ | **-а, -я** |
| 4 рубля́, ножа́, ключа́ | |
| 5, 6, 7… рубле́й, ноже́й, ключе́й | **-ей** |

Learn how we count nouns of feminine gender:

**Ь**

| | |
|---|---|
| 1 (одна́) ла́мпа, кни́га, копе́йка | **-а** |
| 2 (две) ла́мпы, кни́ги, копе́йки | |
| 3 ла́мпы, кни́ги, копе́йки | **-ы, -и** |
| 4 ла́мпы, кни́ги, копе́йки | |
| 5, 6, 7… ламп, книг, копе́ек | **-a̶** |

| | |
|---|---|
| 1 (одна́) тетра́дь, пло́щадь | **-ь** |
| 2 (две) тетра́ди, пло́щади | |
| 3 тетра́ди, пло́щади | **-и** |
| 4 тетра́ди, пло́щади | |
| 5, 6, 7… тетра́дей, площаде́й | **-ей** |

Learn how we count nouns of neuter gender:

| | |
|---|---|
| 1 (одно́) де́ло, окно́, письмо́ | **-о** |
| 2 (два) де́ла, окна́, пи́сьма | |
| 3 де́ла, окна́, пи́сьма | **-а** |
| 4 де́ла, окна́, пи́сьма | |
| 5, 6, 7… дел, о́кон, пи́сем | **-o̶** |

**Remember:**

мо́ре — ско́лько мор**е́й**

ле́кция — мно́го ле́кц**ий**

зда́ние — не́сколько зда́н**ий**

друг — мно́го **друзе́й**

брат — ско́лько **бра́тьев**

вре́мя — ма́ло **вре́мени**

191

 Now you know the rules and we can practice a little. Let's do an exercise together. Read the words in the left column and write them down with the correct endings after the numerals in the second and the third columns.

| автóбус | 2 (два) автóбуса | 5 (пять) автóбусов |
|---|---|---|
| банк | 3 | 10 |
| гóрод | 4 | 6 |
| теáтр | 2 (два) | 8 |
| магазúн | 4 | 20 |
| инженéр | 3 | 7 |
| фильм | 2 (два) | 30 |
| парк | 2 (два) | 25 |
| врач | 3 | 35 |
| муж | 4 | 5 |
| карандáш | 4 | 45 |
| календáрь | 2 (два) | 9 |
| плащ | 3 | 15 |
| странá | 2 (две) | 100 |
| аптéка | 3 | 300 |
| тýсяча | 4 | 6 |
| столúца | 2 (две) | 17 |
| гостúница | 3 | 200 |
| рекá | 2 (две) | 15 |
| кóмната | 4 | 55 |
| дверь | 3 | 39 |
| кровáть | 2 (две) | 60 |
| зéркало | 1 (однó) | 5 |
| мéсто | 2 (два) | 16 |
| письмó | 3 | 500 |
| **друг** | 4 | 18 |
| **брат** | 2 (два) | 6 |
| **здáние** | 3 | 110 |

Dear friends! As you see, Russian nouns have three variants of changes after numbers. We use different endings when we speak about:

• 1 thing or a person; • 2–4 things or a persons;

• 5 and more things or persons.

What should we say after the words: ско́лько, мно́го, ма́ло, немно́го, не́сколько? Please, remember a small addition to the rule, that you have already learned:

| один (он)<br>одна́ (она́)<br>одно́ (оно́) | 2, 3, 4<br>22, 33, 44<br>52, 63, 74<br>и т. д. | 5, 6, 7... и т. д.<br>12, 13, 14<br>мно́го, ма́ло,<br>ско́лько, не́сколько |
|---|---|---|
| стол, слова́рь<br>маши́на, кни́га<br>ме́сто, лицо́ | стола́, словаря́<br>маши́ны, кни́ги<br>места́, лица́ | столо́в, словаре́й<br>маши́н, книг<br>мест, лиц |

Write down yourself:

| оди́н телефо́н | 22 | 12 |
|---|---|---|
| оди́н журна́л | 33 | мно́го |
| одна́ у́лица | 44 | не́сколько |
| одна́ подру́га | 3 | ма́ло |
| одно́ де́ло | 2 | мно́го |

Дороги́е друзья́! Вы по́мните, что вы отвеча́ли на вопро́сы анке́ты и уже́ отве́тили на три вопро́са? Сле́дующие вопро́сы — о тра́нспорте.

79

4. НА КАКО́М ТРА́НСПОРТЕ ВАМ НРА́ВИТСЯ ПУТЕШЕ́СТВОВАТЬ?

☐ на по́езде ☐ на авто́бусе ☐ на мотоци́кле ☐ на теплохо́де ☐ на самолёте

*Ваш отве́т:* .................................................................................................

5. ВОПРО́С-ЗАГА́ДКА: КАКО́Й ТРА́НСПОРТ МО́ЖНО НАЗВА́ТЬ «ЖЕЛЕ́ЗНАЯ ПТИ́ЦА»?

*Ваш отве́т:* .................................................................................................

Пра́вильно! Это самолёт! Приглаша́ю вас в самолёт! Займи́те ме́сто у окна́! Пристегни́те ремни́! Мы лети́м на самолёте. Переверни́те страни́цу и посмотри́те на Росси́ю с высоты́ пти́чьего полёта!

193

# ЭТО РОССИ́Я

**Террито́рия Росси́и**

С за́пада на восто́к — 9000 км.

С се́вера на юг — 4500 км.

**Чи́сленность населе́ния**

В Росси́и живёт приме́рно 150 млн чел.

(приме́рно сто пятьдеся́т миллио́нов челове́к)

се́вер

за́пад    восто́к

юг

0

20

40°

60°

С Е В Е Р Н Ы Й   Л Е Д О

10°

Земля Франца-Иосифа

Се́верная Зем

БАРЕНЦЕВО
МОРЕ

Но́вая Земля

КА́РСКОЕ МОРЕ

Ботнический залив

⚓ Му́рманск

Финский залив

БАЛТИ́ЙСКОЕ МОРЕ

БЕЛОЕ МО́РЕ

⚓ Диксон

Ладожское озеро

Онежское озеро

20°

Санкт-Петербу́рг

Архангельск

Северная Двина

Нарьян-Мар

Печора

Воркута́

Нориль

Рыбинское водохран.

Котлас

Сыктывкар

УРА́ЛЬСКИЕ ГО́РЫ

Салехард

река Обь

Таз

Енисей

река Волга

Днепр

30°

Москва

Нижний Новгород

река Дон

Казань

река Кама

Пермь

река Белая

Екатеринбург

Нижневартовск

Воронеж

Самара

Уфа

Челябинск

река Тобол

КРЫМ

Симферополь

Азовское море

Ростов-на-Дону

Дон

Волгоград

река Волга

Иртыш

Омск

Новосиби́рск

Красноя́р

Керчь

ЧЁРНОЕ МОРЕ

Астрахань

Ишим

река Обь

40°

50°

60°

70°

80°

**Ура́льские го́ры** явля́ются грани́цей ме́жду Евро́пой и А́зией.

Са́мая дли́нная **река́** в Евро́пе — **Во́лга**. Её длина́ — **3531** км.

Са́мое глубо́кое **о́зеро** в Росси́и — э́то **Байка́л**. Его́ глубина́ — **1620** м.

194

# СА́МАЯ БОЛЬША́Я СТРАНА́ В МИ́РЕ

**Са́мые больши́е города́ Росси́и:**

Москва́ — 12 млн чел.

Санкт-Петербу́рг — 5 300 000 чел.

Новосиби́рск — 1 600 000 чел.

**Национа́льности**

На террито́рии Росси́и прожива́ет 190 наро́дов.

80 % жи́телей — ру́сские.

Основно́й язы́к — ру́сский, но ка́ждый наро́д говори́т ещё и на своём родно́м языке́.

**Са́мые дли́нные ре́ки** в Росси́и — э́то:

**Аму́р** — **4416** км, **Обь** — **4345** км и **Ле́на** — **4313** км.

Росси́ю **омыва́ет 14 море́й**. Посмотри́те на ка́рту, назови́те э́ти моря́.

Very often tourists study some information about the country, which they plan to visit. Very curious tourists learn the history and culture of the country, where they go. And professional tourists learn even the language of the country they plan to visit. We have already learned Russian on a tourist level. My congratulations! And now let's become acquainted with some information about Russia, that is written in the small texts at the top and at the bottom of the map. And after that be ready to answer questions both orally and in writing.

Вопрóсы:

1. Какáя странá сáмая большáя в мúре?

............................................................................................................

2. Каковá длинá территóрии Россúи с зáпада на востóк? Скóлько километрóв?

............................................................................................................

3. Каковá длинá территóрии Россúи с сéвера на юг? Скóлько километрóв?

............................................................................................................

4. Скóлько человéк живёт в Россúи?

............................................................................................................

5. Скóлько человéк живёт в Москвé?

............................................................................................................

6. Скóлько человéк живёт в Санкт-Петербýрге?

............................................................................................................

7. Скóлько человéк живёт в Новосибúрске?

............................................................................................................

8. Скóлько нарóдов живёт на территóрии Россúи?

............................................................................................................

9. Какóй язы́к в Россúи основнóй?

............................................................................................................

10. Скóлько процéнтов населéния говорúт на рýсском языкé?

............................................................................................................

11. На какúх ещё языкáх говоря́т люди другúх национáльностей?

............................................................................................................

196

12. Как называются горы, которые являются границей между Европой и Азией?

..........................................................................................................

13. Какая река в Европе самая длинная? Какова её длина?

..........................................................................................................

14. Какое озеро в России самое глубокое? Какова его глубина?

..........................................................................................................

15. Как называются самые длинные реки в России?

..........................................................................................................

16. Сколько морей омывает Россию? Как они называются?

..........................................................................................................

..........................................................................................................

..........................................................................................................

17. На каком море вы отдыхали: на Балтийском? на Чёрном? на Японском?
на Каспийском?

..........................................................................................................

18. На какое море вы хотите поехать: на Балтийское? на Чёрное? на Японское?
на Каспийское?

..........................................................................................................

19. В каком море купаются моржи и белые медведи, а люди не купаются?

..........................................................................................................

20. Вы были в России? Где вы были? Сколько дней?

..........................................................................................................

21. Куда вы хотите поехать: в Москву? в Санкт-Петербург? во Владивосток?
в Иркутск? в Находку? в Хабаровск? или в другой город России?

..........................................................................................................

22. Сколько времени вы хотите отдыхать, учиться или работать в России?

..........................................................................................................

23. Когда вы хотите поехать в Россию: зимой, весной, летом, осенью. Почему?

..........................................................................................................

 Дорогие друзья, выучите 10 вопросов и задайте их вашему партнёру.
10 вопросов много?! Ну хорошо, выучите 7... или 5 вопросов.

 Let me remind you that now we are flying by plane. And during the flight over Russia we are going to conduct our lesson. You saw the map of Russia and learned some information. So, tell me what else you would like to know about Russia. (Что ещё вы хотите узнать о России?) You have 10 minutes. Remember when you have the question "What about?" (о чём?), it means that you must use case № 6.

*Например:*

*Вы:* Я хочу узнать о природе на юге (на востоке, на западе, на севере) России.

*Вы:* ....................................................................................................................
....................................................................................................................
....................................................................................................................
....................................................................................................................

 I am very glad that you are interested in very different questions! Be patient and find this information in the Internet in your native language. Then write down the answers below. It will be your short report, which you will complete with the help of the Internet.

....................................................................................................................
....................................................................................................................
....................................................................................................................
....................................................................................................................
....................................................................................................................
....................................................................................................................
....................................................................................................................
....................................................................................................................
....................................................................................................................
....................................................................................................................
....................................................................................................................
....................................................................................................................

Did you find the answers to all your questions? If it was difficult for you, ask the guide, who is in the plane with you. Your teacher will play the role of your guide. Today our professor Vasily is an ordinary business class passenger. I wonder what is he doing now.

I'm working on my computer even on the plane. Recently I learned a new computer program and now I am mastering it. I'm learning to draw pictures. I am going to do the drawings for our lessons myself. I have a little break now, I'm drinking tea and playing with the mouse. And what do you usually do when you have a rest?

*Ваш ответ:* Когда́ я отдыха́ю, я обы́чно ............................................................
я ча́сто ........................................., я иногда́ .........................................
я ре́дко ........................................... .

*Васи́лий:* Я уже́ нарисова́л рису́нки и соста́вил план сле́дующего уро́ка. Я хочу́ познако́мить вас со ста́рой ру́сской тради́цией и со ста́рой ру́сской игро́й, кото́рая называ́ется «Карава́й». Карава́й — э́то большо́й кру́глый хлеб. Его́ да́рят на день рожде́ния, на сва́дьбу и да́же, когда́ Президе́нт Росси́и встреча́ет в аэропорту́ президе́нта-иностра́нца. Мы да́рим карава́й и говори́м: «Добро́ пожа́ловать!»

### ОБЪЯВЛЕ́НИЕ В САМОЛЁТЕ

«Да́мы и господа́, через 30 мину́т наш самолёт гото́в соверши́ть поса́дку в аэропорту́. Пристегни́те ремни́, убери́те все ве́щи на бага́жную по́лку».

### ANNOUNCEMENT IN THE AIRPLANE

"Ladies and gentlemen, after 30 minutes our plane will be ready to land at the airport. Fasten your seatbelts, remove all your things on the luggage shelf."

### ОБЪЯВЛЕ́НИЕ В САМОЛЁТЕ

«Да́мы и господа́! Наш самолёт соверши́л поса́дку в аэропорту́».

### ANNOUNCEMENT IN THE AIRPLANE

"Ladies and gentlemen! Our plane has already landed at the airport."

Дороги́е друзья́! Мы в Росси́и! Добро́ пожа́ловать!

## РУ́ССКОЕ ГОСТЕПРИИ́МСТВО
## RUSSIAN HOSPITALITY

### КАРАВА́Й

Карава́й — э́то большо́й кру́глый хлеб.

Карава́й — э́то си́мвол гостеприи́мства,
он кру́глый, как со́лнце.

Есть со́лнце — есть жизнь.

Есть хлеб — есть жизнь.

Есть жизнь — есть любо́вь.

Есть любо́вь — есть сча́стье!

Есть сча́стье — есть мир!

Мир и любо́вь всем!

### KARAVAY

Karavay is a big round loaf of bread.

Karavay is a symbol of the hospitality,
it is round like the sun.

If there is the sun, there is life.

If there is bread, there is life.

If there is life, there is love.

If there is love, there is happiness!

If there is happiness, there is peace!

Peace and love to all people!

There is an old Russian song, which is called "Karavay". Russian word «карава́й» means "a big loaf of bread". In old times «каравай» was given as a birthday present with special words and a special dance. If you like to learn how to do it, join our celebration.

All of you stand in a circle and hold hands.

One person comes into the center of the circle. Ask what his name is. After that go from the right to the left, holding hands and singing a song. For example, his name is Misha. So, we are singing:

Как на Ми́шины имени́ны      When Misha's birthday came,
Испекли́ мы карава́й!          We baked a loaf of bread!

Вот тако́й вышины́!   Our karavay is so high!

Pronouncing the words «Вот тако́й вышины́», put your hands up.

Show how high is your «карава́й».

Вот тако́й нижины́!   Our karavay is so low!

Pronouncing words «Вот тако́й нижины́», crouch down.

Put your hands down.

Show how low is your «карава́й».

Вот тако́й ширины́!   Our karavay is so wide!

Make the circle wide.

After these words, make the circle narrow, surround Misha from all sides and sing:

Вот тако́й ужины́!   Our «каравай» is so narrow!

And now make your circle wide again and sing:

Карава́й, карава́й!       Karavay, karavay,
Кого́ лю́бишь, выбира́й!   Choose the person whom you love!

While Misha is thinking whom he will choose, his friends are going around him. They are holding their hands and singing:

Карава́й, карава́й!
Кого́ лю́бишь, выбира́й!

Misha chooses one person and brings him (or her) into the center of the circle instead of himself.

So, you can start the game from the very beginning. Ask the name of the chosen person and sing the song again:

| | |
|---|---|
| Как на ..................... имени́ны | When .................... birthday came |
| Испекли́ мы карава́й: | We baked a loaf of bread (karavay)! |
| Вот тако́й вышины́, | Our karavay is so high! |
| Вот тако́й нижины́, | Our karavay is so low! |
| Вот тако́й ширины́, | Our karavay is so wide! |
| Вот тако́й ужины́! | Our karavay is so narrow! |
| Карава́й, карава́й, | Karavay, karavay! |
| Кого́ лю́бишь, выбира́й! | Choose the person whom you love! |

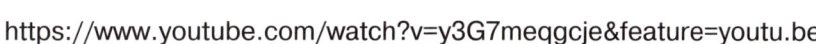

https://www.youtube.com/watch?v=y3G7meqgcje&feature=youtu.be

Bravo! Bravo! Bravo!

You got acquainted with the ancient Russian tradition. Stay at your place! And now let's play my game! I invented it myself. Let's play together. My favorite number is seven. We count together: first, second, third, fourth, fifth, sixth, seventh! Seven is a lucky number. The seventh person stands inside the circle. And all people around may ask him a question. Read the examples of questions and answer:

Как тебя́ зову́т? ...........................................................................

Где ты живёшь? ...........................................................................

Како́й твой люби́мый цвет? ...........................................................

Кака́я твоя́ люби́мая ци́фра? ..........................................................

Ты лю́бишь му́зыку? Каку́ю? ..........................................................

Како́е твоё хо́бби? .........................................................................

Ты лю́бишь чита́ть кни́ги? ..............................................................

Ты лю́бишь игра́ть в те́ннис? ..........................................................

Ты лю́бишь пла́вать? .....................................................................

Ты уме́ешь гото́вить? ....................................................................

Ты лю́бишь слу́шать рэп? ...............................................................

Ты уме́ешь игра́ть на гита́ре? .........................................................

Ты лю́бишь карти́ны Пика́ссо? ........................................................

Ты лю́бишь ходи́ть пешко́м? ...........................................................

Ты лю́бишь е́здить на мотоци́кле? ...................................................

Куда́ ты обы́чно хо́дишь в суббо́ту? .................................................

Что ты обы́чно де́лаешь в воскресе́нье? ..........................................

Ты ча́сто хо́дишь в фи́тнес-клу́б? ...................................................


If you like, you may ask your own questions. Write them down, please:

1. ...............................................................................................

2. ...............................................................................................

3. ...............................................................................................

4. ...............................................................................................

5. ...............................................................................................

6. ...............................................................................................

7. ...............................................................................................

If a person, standing in the circle, can't answer a question, he must choose another person and bring him into the center of the circle instead of himself. While he is choosing a new person, he should say: «Я выбира́ю тебя́! Тебе́ повезло́!». (I choose you! You are lucky!) And the game continues.

Что ты де́лал(а) вчера́? ........................................................................

Ты игра́л(а) сего́дня у́тром в те́ннис? ........................................................

Что ты де́лал(а) три дня наза́д? ...............................................................

С кем ты говори́л(а) сего́дня у́тром? .........................................................

К кому́ ты ходи́л(а) вчера́? ......................................................................

К кому́ ты пойдёшь за́втра? ....................................................................

За́втра ты пойдёшь на ры́нок? .................................................................

Что ты обы́чно покупа́ешь на ры́нке? .......................................................

Куда́ ты е́здил ме́сяц наза́д? ...................................................................

Куда́ ты пое́дешь через ме́сяц? ...............................................................

Где живёт твоя́ семья́? В како́й стране́? ....................................................

Каки́е пла́ны у тебя́ на зи́мние кани́кулы? .................................................

Каки́е у тебя́ пла́ны на ле́тние кани́кулы? .................................................

С кем ты лю́бишь путеше́ствовать? ..........................................................

С чем тебе́ нра́вятся блины́? А омле́т? ......................................................

Ты лю́бишь экзоти́ческие блю́да? Каки́е? ...................................................

Чем ты увлека́ешься? ...........................................................................

У тебя́ есть друг и́ли подру́га за грани́цей? Где? .........................................

Каки́е города́ есть в Росси́и? ..................................................................

Каки́е ре́ки есть в Росси́и? .....................................................................

Ты хо́чешь пое́хать в Росси́ю? ................................................................

84

Дороги́е друзья́, вы отве́тили на все вопро́сы!
Поздравля́ю вас!
Вы уже́ говори́те по-ру́сски! А сейча́с предлага́ю вам написа́ть сочине́ние на те́му «Расскажи́ мне о Росси́и».
На страни́це 206 напиши́те всё, что вы зна́ете о Росси́и.

Расскажи мне о России

## 85

Дороги́е друзья́!
Приезжа́йте в Росси́ю
изуча́ть ру́сский язы́к!

Ждём вас
в го́сти
на ча́шку ча́я!

Приезжа́йте в Росси́ю
на чемпиона́т ми́ра
по футбо́лу!
До ско́рой встре́чи!

Я — Маг и Волше́бник!
Дарю́ вам биле́т на самолёт!
Впиши́те в него́ своё и́мя
и приезжа́йте в Росси́ю!

"Dear friends! The book is finished. But its' pretty heroes are alive! I can clearly imagine them and speak with them!" These are the words, which were said by the first reader of the book. Her name is Vera. She is a colleague and a good friend of the authors. She lives in Russia and works at the university in Rostov-on-Don. Here you can see the photos and the models of Vasily The Clever Cat and Zhorik The Funny Parrot, made with her own hands. And we decided to put them into the book for those people, who liked our heroes as much as we do. So, you can cut the paper models out of the pages 210–212 and sew the dolls from any type of tissue. Enjoy the results of your work! Enjoy the result of your studies! We wish you success and good luck, because so many interesting things in the world are waiting for you!

Дорогие друзья! Изучайте русский язык! Кот Василий, кошка Анфиса, Маг, попугай Жорик и все герои и авторы книги желают вам удачи!

# The cats: Vasily or Anfisa

(he or she depends
on clothes)

paw x 4

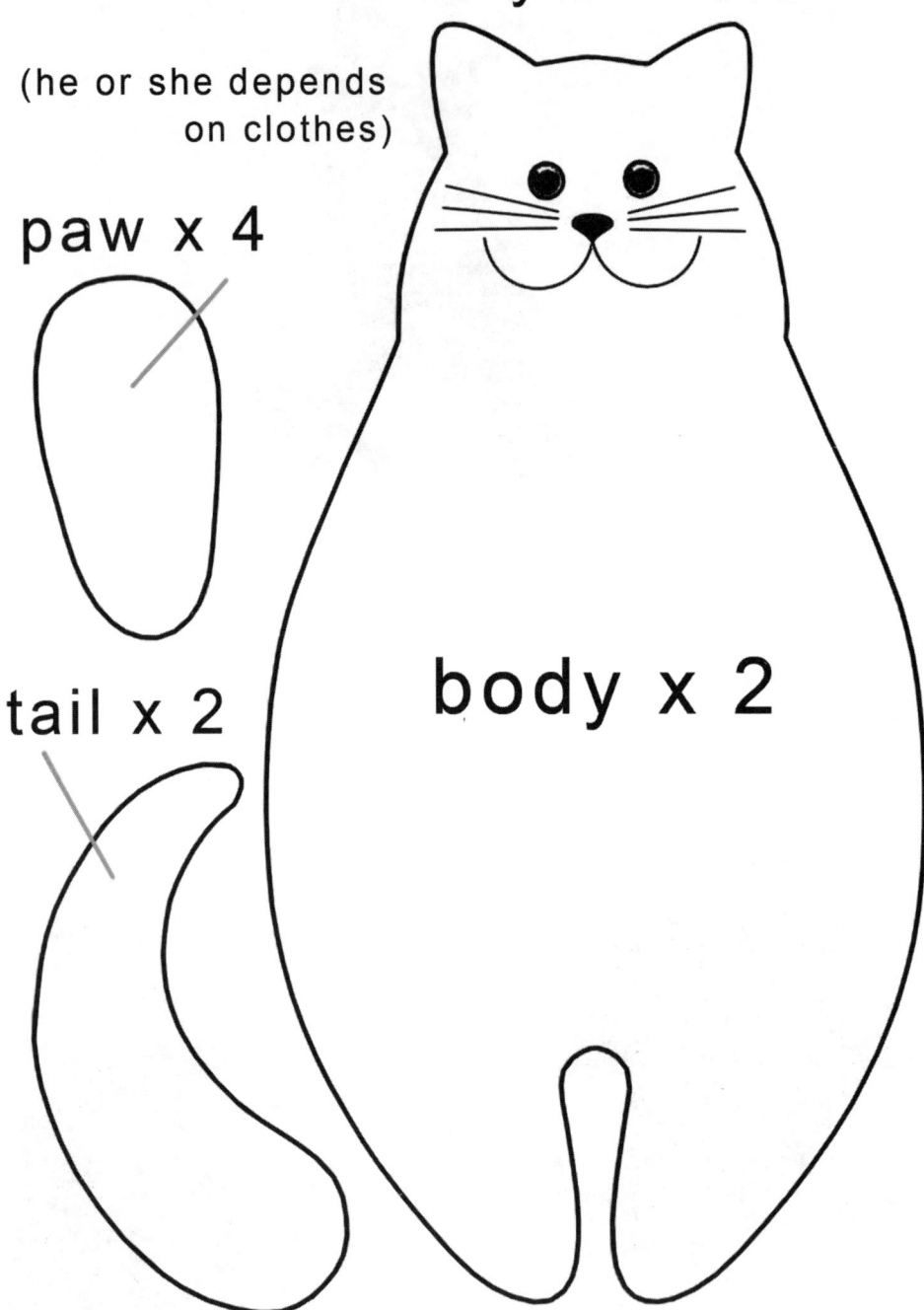

tail x 2

body x 2

# Anfisa (the 2nd variant)

You may use this model for Anfisa if you want Vasily and Anfisa to be quite different from each other.

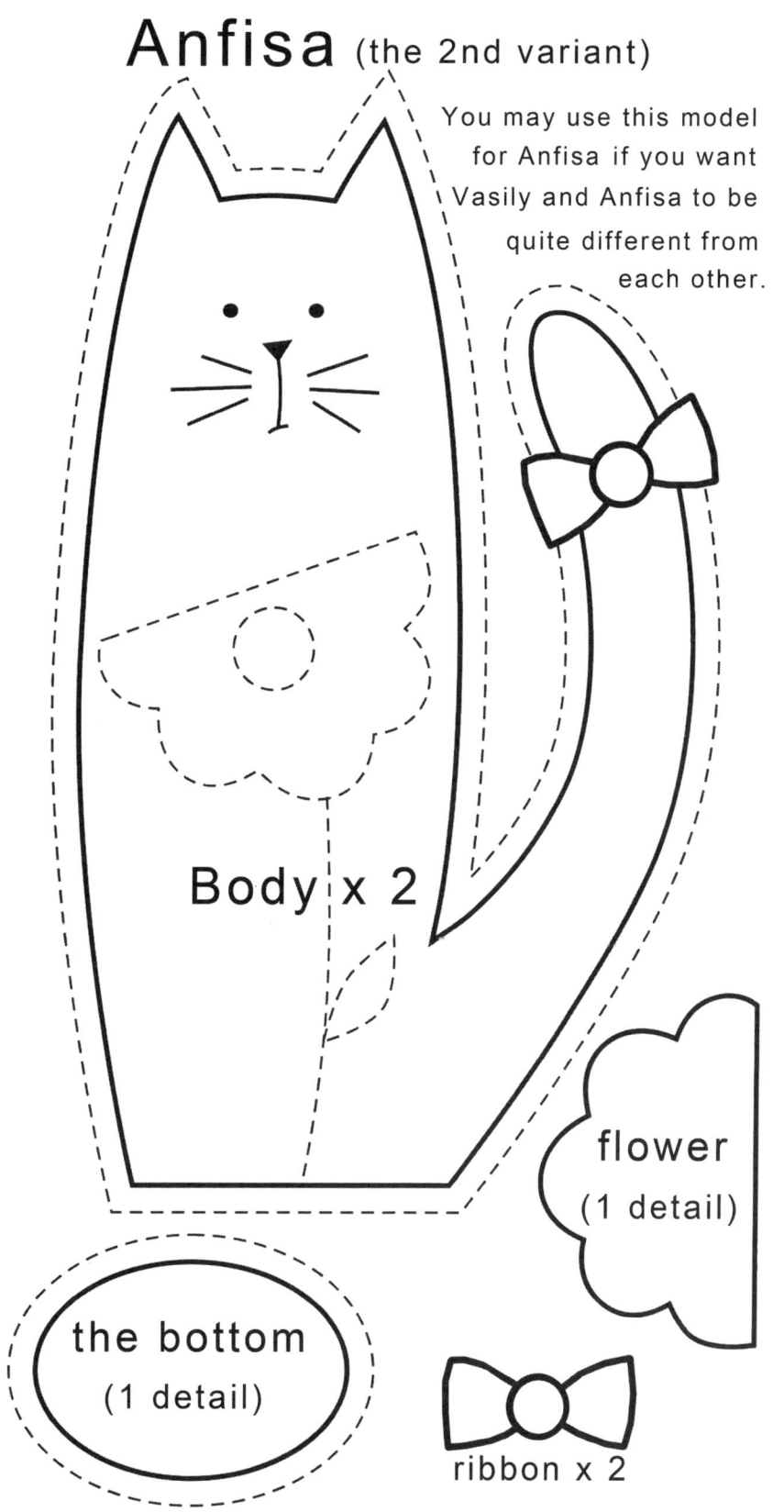

Body x 2

flower
(1 detail)

the bottom
(1 detail)

ribbon x 2

# Parrot

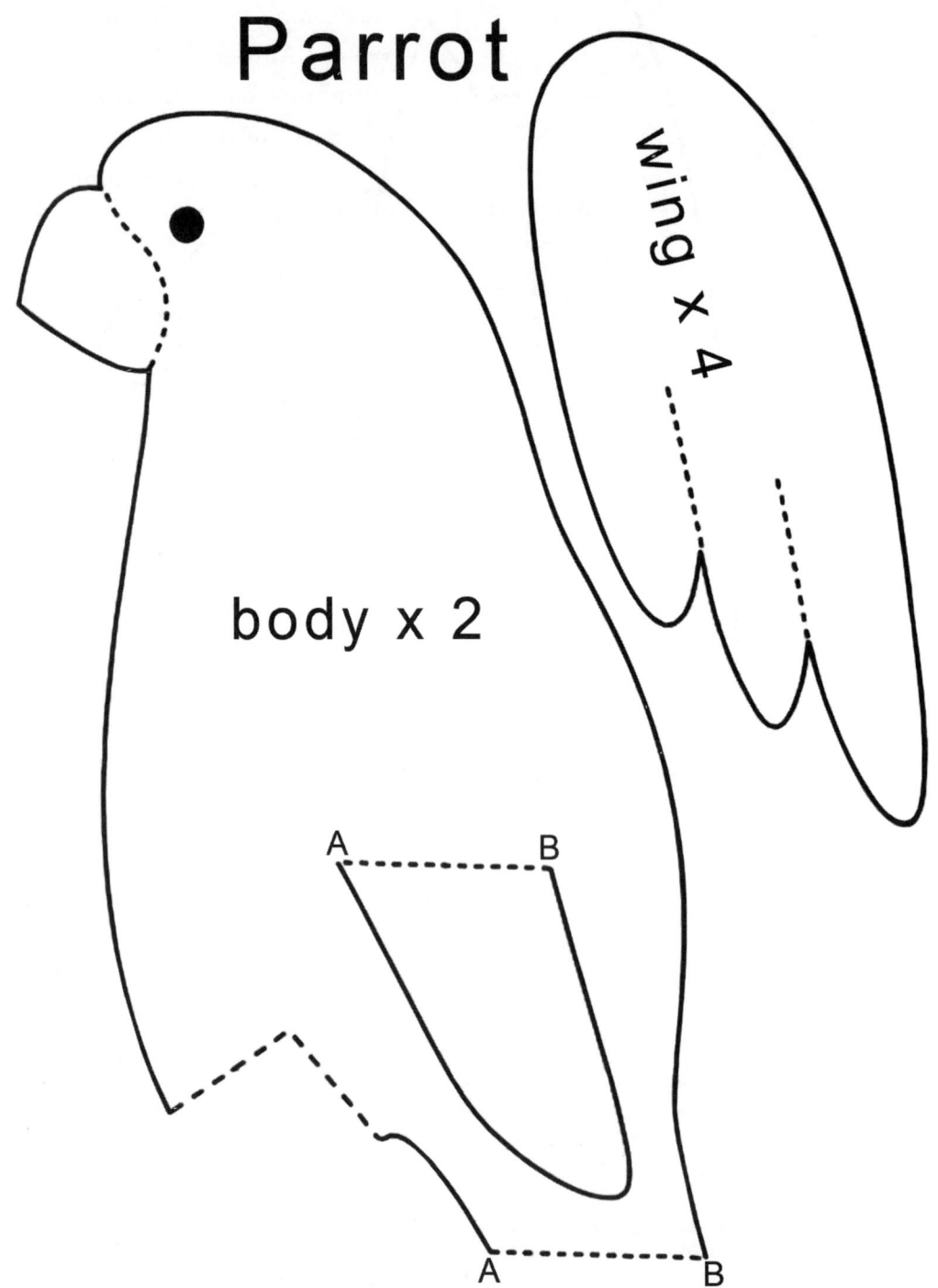

wing x 4

body x 2

A ---- B

A ---- B

# THE CONTENTS · СОДЕРЖАНИЕ
# OF THE LESSONS   УРОКОВ

| The head and the topic of the lesson | Название и темы уроков | Тексты для чтения |
|---|---|---|
| **Cat's tip № 1.** Reading rules. Voiced and voiceless consonants. Soft sign and hard sign. The Alphabet | **Подсказка № 1.** Правила чтения. Глухие и звонкие согласные. Мягкий и твёрдый знаки. Алфавит | Чтение слов с глухими и звонкими согласными |
| **Cat's tip № 2.** Stress. Stressed and Unstressed Vowels: о, е, я. Numbers up to 100. Speech etiquette | **Подсказка № 2.** Ударение. Гласные: о, е, я в ударной и безударной позициях. Цифры до 100. Вежливые слова | Чтение слов с ударными и безударными гласными. Чтение слов, необходимых туристам в незнакомом городе |
| **Cat's tip № 3.** Introduction. Greeting. Thanking. Saying good bye Apologies. Asking the way. Question: "Where?" | **Подсказка № 3.** Знакомство. Приветствие. Благодарность. Прощание. Извинения. Ориентация в незнакомом месте. Вопрос: «Где?» | Чтение диалогов на темы: «Знакомство», «Прощание», «Извинение», «Благодарность», «Ориентация в городе» |
| **Cat's tip № 4.** Who is it? What is it? Case № 1. Conjuctions "and", "but". Responses to some questions with the words "yes" and "no" | **Подсказка № 4.** Кто это? Что это? Падеж № 1. Союзы «и», «а». Ответы на вопросы со словами «да» и «нет» | Чтение различных диалогов. Диалоги с Магом |
| **Cat's tip № 5.** Gender of nouns. *He, she, it.* The expression of wish. Answers to the question: *What do you want?* | **Подсказка № 5.** Род существительных. *Он, она, оно.* Выражение желания. Ответ на вопрос: «Что вы хотите?» | Работа с таблицей «Завтрак в гостинице». Чтение диалогов в ресторане. Диалоги туристов |
| **Cat's tip № 6.** Number of nouns. Plural. Pronoun *they (они).* Endings *-ы, -и.* Exceptions | **Подсказка № 6.** Множественное число существительных. Местоимение *они.* Окончания *-ы, -и.* Слова-исключения | Чтение текста «Москва — столица России» |
| **Cat's tip № 7.** Personal pronouns: *я, ты, он, она, они.* Possessive pronouns. Question word: *Whose?* | **Подсказка № 7.** Личные местоимения: *я, ты, он, она, они.* Притяжательные местоимения. Вопросительные слова: *Чей? Чья? Чьё? Чьи?* | Диалог в студенческом общежитии |
| **Cat's tip № 8.** Adjectives. Question words: *What kind of...?* | **Подсказка № 8.** Прилагательные. Вопросительные слова: *Какой? Какая? Какое? Какие?* | Чтение мини-текстов: «Какой он человек?» Составление рассказов о характере друзей |
| **Cat's tip № 9.** Ordinal and cardinal numerals | **Подсказка № 9.** Количественные и порядковые числительные | Изучение таблицы порядковых числительных (до 1000). Меню кафе «Доброе утро». Диалоги в кафе |

| The head and the topic of the lesson | Название и темы уроков | Тексты для чтения |
|---|---|---|
| **Cat's tip № 10.**<br>Verbs of the 1st group: *to work, to study, to do, to know, to repeat, to listen, to read, to play, to be able, to live*. Use of the words: *always, sometimes, often, seldom, never*. Days of the week | **Подсказка № 10.**<br>Глаголы 1-ой группы: *работать, изучать, делать, знать, повторять, слушать, читать, играть, уметь, жить*. Знакомство со словами: *всегда, иногда, часто, редко, никогда.*<br>Дни недели | Чтение фраз на тему «Во что они играют?» Диалоги с попугаем Жориком: «Что ты умеешь делать?»<br>Текст «Мы отдыхаем» и ответы на вопросы после текста. Чтение текстов «Мои друзья живут в разных странах». Изучение таблицы стран и национальностей. Текст «Что делают мои друзья каждый день недели?» |
| **Cat's tip № 11.**<br>Verbs of the 2nd group: *to speak, to love, to watch* | **Подсказка № 11.**<br>Глаголы 2-ой группы: *говорить, любить, смотреть* | Чтение диалога «Москвичка и испанский турист». Чтение диалогов на тему о любимых занятиях. Текст «Футбол и балет» и вопросы после текста. Текст «Моё хобби — водить машину» |
| **Cat's tip № 12.**<br>Cases № 1 and 4.<br>Use of the Accusative Case in the models: "What do you read? What do you like? What do you want to buy?" | **Подсказка № 12.**<br>Падежи № 1 и 4. Использование винительного падежа в моделях: «Что вы читаете? Что вы любите? Что вы хотите купить?» | Чтение упражнений и диалогов с Магом на тему «Покупка сувениров» |
| **Cat's tip № 13.**<br>Verbs of motion in the Present Tense. Movement in one direction. Question: "Where are you going?" Transport. Question about transport. Movement in two directions (there and back). Question: "When?" (on Monday, on Wednesday) | **Подсказка № 13.**<br>Глаголы движения в настоящем времени. Движение в одну сторону. Вопросы: «Куда ты идёшь? Куда ты едешь?» Транспорт. Вопрос «На чём?» Разнонаправленные глаголы движения: *ходить, ездить.* Вопрос «Когда?» (в понедельник, в среду) | Чтение диалогов с попугаем Жориком.<br>Диалоги с героями комиксов: с Олей, Колей, Димой, мамой и Хидеко |
| **Cat's tip № 14.**<br>Verbs of motion in the Past Tense. The question: "Where did you go yesterday?" | **Подсказка № 14.**<br>Глаголы движения в прошедшем времени. Вопрос: «Куда ты ходил, ездил вчера?» | Чтение диалогов с героями комиксов: Олей, Иваном Петровичем, Ириной Петровной и Хидеко |
| **Cat's tip № 15.**<br>Verbs of motion in the Future Tense: "I would like to go" | **Подсказка № 15.**<br>Глаголы движения в будущем времени: «Я хочу пойти, я хочу поехать» | Чтение диалогов с героями комиксов: Олей, Иваном Петровичем, Ириной Петровной и Хидеко |
| **Cat's tip № 16.**<br>Case № 4. When we speak about people. Personal pronouns in the Accusative Case. Question: "What is your name?" | **Подсказка № 16.**<br>Падеж № 4. Когда мы говорим о людях. Личные местоимения в винительном падеже. Вопрос «Как тебя зовут?» | Текст «Моя семья» и вопросы после текста |

| The head and the topic of the lesson | Название и темы уроков | Тексты для чтения |
|---|---|---|
| **Cat's tip № 17.**<br>Case № 6. Questions: "Where do you live? What are you thinking about? Where is…?" The words: *here*, *there*, *on the right*, *on the left*. Personal pronouns in the Prepositional Case | **Подсказка № 17.**<br>Падеж № 6. Вопросы: «Где вы живёте? О чём вы думаете? Где находится…?» Использование слов: *здесь*, *тут*, *справа*, *слева*. Личные местоимения в предложном падеже | Чтение текста «Где живут собаки?». Чтение текста «Турист Винсент». Чтение текста «Сергей и Даша живут в Корее» |
| **Cat's tip № 18.**<br>Case № 2. Who has something? What things don't you have? Whose is it? Where are you from? | **Подсказка № 18.**<br>Падеж № 2. У кого есть? Чего нет? Чей? Откуда? | Чтение русской народной сказки «Каша из топора» и вопросы после текста |
| **Cat's tip № 19.**<br>Case № 2. Where are you from? Whose? (Whom does it belong to?) | **Подсказка № 19.**<br>Падеж № 2. Откуда? Чей? Чья? Чьё? Чьи? | Чтение текстов: «Ужин в ресторане», «Бизнесмен Николай», «Международная выставка собак», «Соседи» |
| **Cat's tip № 20.**<br>The Past Tense. Questions: "Where were you? What did you do?" The words: *in the morning*, *in the afternoon*, *in the evening*, *at night*; *a year ago*, *a month ago*, *a week ago*. Question words: *What? Who? When? How? Where? Where to? Where from? Whose? What kind?* etc. | **Подсказка № 20.**<br>Прошедшее время. Вопросы: «Где вы были? Что вы делали?» Использование слов: *утром*, *днём*, *вечером*, *ночью*; *год*, *месяц*, *день*, *неделю назад*. Вопросительные слова: *Что? Кто? Когда? Как? Где? Куда? Откуда? Чей? Какой?* и т. д. | Чтение диалогов на темы: «Где были эти люди?», «Что делали Артур и Степан?». Текст «Выходной день» и вопросы после текста |
| **Cat's tip № 21.**<br>The Future Tense. Imperfect aspect. Conjugation of the verb *to be*. Expression of time: *tomorrow*, *after tomorrow*, *next Monday*, *in one day*, *one minute*, etc. Verb *to go*. Answers to the question "Why?" | **Подсказка № 21.**<br>Будущее время. Несовершенный вид. Спряжение глагола *быть*. Выражение времени: *завтра*, *послезавтра*, *в будущий понедельник*, *через день*, *через минуту* и т. д. Глаголы *пойти*, *поехать*. Ответы на вопрос «Почему?» | Чтение диалога с попугаем Жориком: «Что вы будете делать на каникулах?» Диалог журналистки и балерины |
| **Cat's tip № 22.**<br>Perfect and Imperfect aspects of verbs. The Past Tense. The words: *already*, *not yet*. Compound sentences with the word *which* | **Подсказка № 22.**<br>Совершенный и несовершенный вид глаголов. Прошедшее время. Слова: *ужé*, *ещё не*. Сложные предложения со словом «который» | Чтение текстов: «Жорик идёт на вечеринку», «Рассказ туриста», Диалог в кафе «Славик опоздал!» |
| **Cat's tip № 23.**<br>Perfect and Imperfect aspects of verbs. The Future Tense. Adverbs answering the questions:" Where? When? How? How often? How many?" | **Подсказка № 23.**<br>Совершенный и несовершенный вид глаголов. Будущее время. Наречия, отвечающие на вопросы: «Где? Куда? Когда? Как? Как часто? Сколько?» | Диалог кошки Анфисы и попугая Жорика |

215

| The head and the topic of the lesson | Название и темы уроков | Тексты для чтения |
|---|---|---|
| **Cat's tip № 24.** Case № 3. To whom? Personal pronouns in the Dative Case | **Подсказка № 24.** Падеж № 3. Кому? К кому? Личные местоимения в дательном падеже | Чтение диалога в цирке: «Где мои часы?». Чтение писем, которые написали дети Деду Морозу. Текст «День рождения у Гали» |
| **Cat's tip № 25.** I like it. I don't like it. Answers to the questions: "Who likes whom / what? Who likes to do something? Who is merry? Who is bored? Who can? Who is allowed do it? Who shouldn't do it? How old are you?" | **Подсказка № 25.** Мне нравится. Мне не нравится. Ответы на вопросы: «Кому нравится кто? Кому нравится что? Кому нравится что делать? Кому весело? Кому скучно? Кому можно? Кому нельзя? Кому сколько лет?» | Чтение текстов: «Мне нравится моя семья и Нина», «Нам нравится зима и снег», «Мне нравится лепить снеговиков», «Кому можно, а кому нельзя отдыхать в сквере?». Вопросы после текстов. Чтение диалогов с Магом |
| **Cat's tip № 26.** Case № 5. With whom? With the help of what? The choice of profession, joint actions, use of things, hobbies. Personal pronouns in the Instrumental Case | **Подсказка № 26.** Падеж № 5. С кем? Кем? С чем? Чем? Выбор профессии, совместные действия, пользование предметами, увлечения. Личные местоимения в творительном падеже | Чтение диалогов: «Маг готовит блины», «Обед у Ирины Петровны». Чтение текстов «Клуб бальных танцев» |
| **Cat's tip № 27.** How many? Agreement of nouns and numerals. Answers to the questions: "How many students? How many books? How many times (how often)?" | **Подсказка № 27.** Сколько? Использование существительных после числительных. Ответы на вопросы: «Сколько студентов? Сколько книг? Сколько раз?» | Анкета туриста. Чтение и ответы на вопросы. Изучение карты Российской Федерации. Ответы на вопросы по карте |
| **Welcome to Russia!** Russian culture. Russian folk game "Karavay". Revision | **Добро пожаловать в Россию!** Страноведение. Русская народная игра «Каравай». Повторение изученного материала | Чтение текста и игра «Каравай». Ответы на вопросы по пройденному материалу |